# DIREITOS FUNDAMENTAIS, DANO MORAL E SUA REPARALIDADE

## DAURY CESAR FABRIZ
## TELMA I. S. BRACHO FABRIZ

Daury Cesar Fabriz
Telma I. S. Bracho Fabriz

# DIREITOS FUNDAMENTAIS, DANO MORAL E SUA REPARALIDADE

EDITORA CRV
Curitiba - Brasil
2012

Copyright © da Editora CRV Ltda.
**Editor-chefe**: Railson Moura
**Diagramação e Capa**: Editora CRV
**Revisão**: Os Autores
**Conselho Editorial**

Profª. Drª. Andréia da Silva Quintanilha Sousa (UNIR - RO)
Prof. Dr. Antônio Pereira Gaio Júnior (UFRRJ)
Profª. Drª. Carmen Tereza Velanga (UNIR - RO)
Prof. Dr. Celso Conti (UFSCAR - SP)
Profª. Drª. Gloria Fariñs León (Universidade de La Havana – Cuba)
Prof. Dr. Francisco Carlos Duarte (PUC-PR)
Prof. Dr. Guillermo Arias Beatón (Universidade de La Havana – Cuba)
Prof. Dr. João Adalberto Campato Junior (FAP - SP)
Prof. Dr. Jailson Alves dos Santos (UFRJ)

Prof. Dr. Leonel Severo Rocha (URI)
Profª. Drª. Lourdes Helena da Silva (UFV)
Profª. Drª. Josania Portela (UFPI)
Profª. Drª. Maria Lília Imbiriba Sousa Colares (UNIR - RO)
Prof. Dr. Paulo Romualdo Hernandes (UNIFAL - MG)
Profª. Drª. Maria Cristina dos Santos Bezerra (UFS)
Profª. Drª. Solange Helena Ximenes-Rocha (UFPA)
Profª. Drª. Sydione Santos (UEPG PR)
Prof. Dr. Tadeu Oliver Gonçalves (UFPA)
Profª. Drª. Tânia Suely Azevedo Brasileiro (UNIR - RO)

CIP-BRASIL. CATALOGAÇÃO-NA-FONTE
SINDICATO NACIONAL DOS EDITORES DE LIVROS, RJ

F122d

Fabriz, Daury Cesar
    Direitos Fundamentais, dano moral e sua reparalidade/ Daury Cesar Fabriz, Telma I. S. Bracho Fabriz. - 1.ed. - Curitiba, PR: CRV, 2012.
    146p.

Inclui bibliografia
ISBN 978-85-8042-419-5

1. Direitos fundamentais. 2. Dano moral. I. Bracho, Telma. II. Título.

12-4019.
                    CDU: 342.7

18.06.12    29.06.12                                            036515

Foi feito o depósito legal conf. Lei 10.994 de 14/12/2004
2012
Proibida a reprodução parcial ou total desta obra sem autorização da Editora
CRV
Todos os direitos desta edição reservados pela:
Editora CRV
Tel.: (41) 3039-6418
www.editoracrv.com.br
E-mail: sac@editoracrv.com.br

# SUMÁRIO

Apresentação ................................................................. 7

**CAPÍTULO I**
**Direitos Humanos Fundamentais na construção**
**de um novo Humanismo** ........................................... 13
1.1. Direitos Fundamentais ............................................ 13
1.2. Direitos Humanos .................................................... 21
1.3. A fundamentabilidade dos Direitos Humanos ......... 29
1.4. O bloco dos Direitos Superiores como fundamento
de uma nova cultura humanista ..................................... 34

**CAPÍTULO II**
**A moral e seus significados**
2.1. A moral e seus significados: argumentos filosóficos
e jurídicos ....................................................................... 39
2.2. Origens, concepções e fundamentos da reparação
por dano moral ............................................................... 55
2.3. O dano moral e seus pressupostos jurídicos modernos ....... 67
2.4. Origens e fundamentos jurídicos do dano moral no Brasil .... 73

**CAPÍTULO III**
3.1. Conceito de dano moral ......................................... 83
3.2. A reparação dos danos morais e seus
fundamentos jurídicos .................................................... 92
3.3. O equilíbrio da reparação: em busca de um quociente ... 100

**CAPÍTULO IV**
4.1. A constitucionalização do direito à reparação
por danos morais ........................................................... 115
4.2. Artigo 5º, incisos V e X da Constituição Federal Brasileira:
o dano moral no direito constitucional positivo .............. 123

**CONCLUSÃO** ............................................................. 135

**REFERÊNCIAS** ......................................................... 139

# APRESENTAÇÃO

Vários estudos têm procurado examinar a complexa figura jurídica do dano moral, e as questões, que envolvem a sua reparação, valendo destacar, desde logo, a costumeira polêmica inerente à sua própria definição, na medida em que, "ao contrário do prejuízo material, que é palpável, perceptível e aferível com relativa facilidade, o moral é subjetivo, diáfano, abstrato"[1]. Nessa mesma linha indaga-se:

> Como indenizar, em dinheiro, algo que é privativo, subjetivo, íntimo, pessoal, interior, mediante indenização patrimonial, aquilo que, à primeira vista, no mundo sensível, não ocasionou nenhum dano material visível, palpável?[2]

As dificuldades em torno da percepção desse direito fundamental inibe a pacificação doutrinária e jurisprudencial acerca desta matéria tão controvertida.

Ao examinar-se a temática com maior acuidade, verifica-se que suas consequências, na realidade quotidiana, tomam dimensões ainda mais controversas; na medida em que, nos deparamos com uma realidade cada vez mais complexa e inusitada, no sentido de reconhecê-la e interpretá-la, em seus vários modos, que algumas vezes envolve situações de conflito. Vivemos uma era dominada pela tecnologia; ambientados numa sociedade da notícia e da informação.

O direito encontra-se, direta e indiretamente evidenciado na totalidade das convivências humanas. Um fato social que em tudo se insinua, do qual é impossível se abstrair[3]. O direito pode ser compreendido como uma grande parte daquilo que entendemos por sociedade, dado os elementos que o ligam ao mundo da linguagem.

No emaranhado tecido social, que cada vez mais, torna-se uma trama multifacetária, a realidade (social, política e econômica) em sua dinâmica contínua, apresenta-se aos indivíduos com uma

---

1    SAMPAIO, Ricardo. **AIDS, raça, sexo e dano moral.** in: Revista Consulex, nº 18, junho de 1998, p. 28.
2    CRETELLA JÚNIOR, José. **Comentários à Constituição de 1988.** Vol. I., Rio de Janeiro: Forense Universitária, 1988, p. 260.
3    LUHMANN, Niklas. **Sociologia do direito I**, Rio de Janeiro: Tempo Brasileiro, 1983, p. 07.

multiplicidade de possíveis experiências e ações, em contraposição ao seu limitado potencial em termos de percepção, assimilação de informação e ações conscientes. Nesse sentido, cada experiência concreta apresenta um conteúdo que remete a outras possibilidades que são ao mesmo tempo complexas e contigentes[4].

É nesse contexto que a honra e a preservação do bom nome se inserem, tornando-se bens a serem preservados e tutelados juridicamente, que direta e indiretamente também se evidenciam em todas as relações humanas; impondo-se cada vez mais um marco ético a orientar a convivência humana, em todas as suas realizações.

Na medida em que a realidade social modifica-se, os pressupostos morais, que legitimavam determinadas relações, já não respondem aos novos contextos que vão se formando, exigindo, por sua vez, uma reformulação na percepção da moral. Em decorrência, o difícil equacionamento dos conflitos, cuja honra, moral e liberdade formam uma das dimensões de todo teorema da convivência humana.

Quando se examina *honra, moral, privacidade e intimidade* adentra-se no campo dos direitos que protegem não só a vida privada, mas, em âmbito mais ampliado tangencia as esferas do interesse social, na medida em que o direito à vida, à honra e à moral do cidadão, são direitos conexos, encontrando-se, inquestionavelmente relacionados com a vida social em sua totalidade.

Somente há que se proteger a honra e a moral individual porque vivemos em sociedade e, em assim sendo, verificamos suas dimensões públicas. Apesar da vida privada do cidadão somente dizer respeito a ele próprio ou à sua família, a devassa, repercutida e publicitada, tem reflexos em algo maior que é o pleno exercício da cidadania. Remete-se, desse modo essa questão à exigência de proteção jurídica, ligada aos princípios da liberdade e do Estado Democrático de Direito.

Em que pese os notáveis avanços nos estudos em torno do dano moral, nota-se certa escassez no tratamento do tema a partir de uma abordagem constitucional. Sem deixar de lado os subsídios dos estudos que sistematizam a matéria no âmbito do Direito Civil e do Direito Penal, busca-se trabalhar a importante questão do dano moral a partir de uma perspectiva constitucional, baseado no contexto dos direitos e garantias fundamentais.

Salienta-se a importância que o tema vem ocupando na atualidade, nos seus reflexos diretos no exercício pleno da cidadania, a partir do exame da Constituição brasileira de 05 de outubro de 1988, no que se refere à proteção à integridade moral do cidadão, tendo em mente o

---

[4] LUHMANN, Niklas. *Op. Cit.*, 1983, p. 45.

fato de que a mencionada Constituição, conforme observou OLIVEIRA BARACHO "ampliou o conteúdo do termo 'cidadania' que não pode ser visto apenas em sua projeção política e jurídica clássica."[5] O caráter público da moral individual revela-se no âmbito de uma sociedade que se pretende democrática, na medida em que a democracia necessita do cidadão, e vice versa. Não há como negar a importância do cidadão para a concretização da democracia, quando consideramos que cada indivíduo-cidadão constitui um componente da sociedade. "Cada homem," ensina BARACHO,

> tem uma identidade, irredutível àquela que pertence aos outros, sendo que o direito deve reconhecê-la e protegê-la. A primazia do indivíduo completa-se pela ideia de que todos os membros da sociedade são iguais por essência.[6]

A proteção da moral individual alcança desse modo a amplitude do pacto político-social, ganhado *status* de preceito constitucional. A Constituição brasileira de 1988, logo em seu artigo 1º preconiza que *a República Federativa do Brasil constitui-se em Estado democrático de direito, tendo por fundamento, dentre outros princípios, a cidadania* (Inciso II) e *a dignidade da pessoa humana* (Inciso III). No Capítulo I do Título II que trata dos Direitos e Garantias Fundamentais asseguram no artigo 5º, Incisos V e X que *todos são iguais perante a lei, sem distinção de qualquer natureza, garantindo-se aos brasileiros e aos estrangeiros residentes no País a inviolabilidade do direito à vida, à liberdade, à igualdade, à segurança e à propriedade; assegurando-se o direito de resposta, proporcional ao agravo, além da indenização por dano material, moral ou à imagem; sendo inviolável a intimidade, a vida privada, a honra e a imagem das pessoas, assegurando o direito a indenização pelo dano material ou moral decorrente de sua violação.*

Ao serem constitucionalizados, os direitos que envolvem a personalidade, passam a ser enfocados através de outra ótica, que não a sua simples dimensão privatista, colocando-se em perspectiva as liberdades públicas, que de certo modo, orientam-se por outros direitos, de ordem econômica, social e política, formando um inédito campo de investigação científica,[7] ou ainda conforme enfoque de MARIA FRANCISCA CARNEIRO, ao ressaltar que

---

5     BARACHO, José Alfredo de Oliveira. **Teoria geral da cidadania: a plenitude da cidadania e as garantias constitucionais e processuais**. São Paulo: Saraiva, 1995, p. v da apresentação.
6     BARACHO, José Alfredo de Oliveira. *Op. Cit.*, 1994, p. 01
7     BITTAR, Carlos Alberto. **O direito civil na constituição de 1988**. São Paulo: Editora Revista dos Tribunais, 1990, p. 45.

apesar de consagrada a reparação do dano na Constituição Federal brasileira ( art. 5º V. X ), é preciso definir, teorizar e verificar a sua existência, buscando avaliá-la e mensurá-la, a partir das relações que se possa estabelecer entre este dano e sua influência sobre os aspectos psicossociais do indivíduo que o sofreu.[8]

A tradição latina considera a *honra* e a *moral* um bem supremo do homem, equiparando-a a própria vida, devendo ser colocada sempre em primeiro plano na convivência humana.[9] Ao referir-se ao direito à vida, o texto constitucional coloca em perspectiva a garantia de uma existência digna, subjacente à integridade não somente física, mas, fundamentalmente, moral, devendo esta última ser concebida em maiores amplitudes, que venham abranger a *liberdade*, a *intimidade*, a *vida privada*, a *honra* e a *imagem* da pessoa, com previsão de indenização quando violada. Em tempos de democracia a vida pregressa torna-se algo valioso, quando imaculada.

Pode-se afirmar que o constituinte brasileiro de 1988 deu tratamento amplo à proteção à vida, compreendendo a mesma como um conjunto de valores materiais e imateriais, integrando os segundos, àqueles inscritos no art. 5º, incisos V e X da Constituição Federal brasileira. Nota-se que a Constituição de 1988 concedeu grande importância aos aspectos éticos da vida em sociedade.

O constituinte brasileiro de 1988 buscou realçar o valor da moral individual, tornando-a mesmo um bem constitucionalmente tutelado. A moral individual sintetiza a honra da pessoa, o bom nome, a boa fama, a reputação que integram a vida humana como dimensão imaterial. Sem a moral, a honra, o bom nome e a boa fama, a pessoa perde os sentimentos que a vincula ao âmbito social; perde em significado e significância. Daí porque o respeito à integridade moral do indivíduo assume a feição de direito fundamental. As constituições anteriores o consignavam também, mas não impunham sanções aos abusos. Todos esses aspectos são importantes, suscitando questões pertinentes aos direitos e deveres fundamentais, a reivindicação da expansão dos direitos dos cidadãos e as novas exigências do mundo contemporâneo.

---

8   CARNEIRO, Maria Francisca. **Avaliação do dano moral e discurso jurídico.** Porto Alegre: Sérgio Antonio Fabris Editor, 1998, p. 57.
9   AMARANTE, Aparecida I. **Responsabilidade civil por dano à honra.** Belo Horizonte: Del Rey, 1991, p. 13.

Direitos fundamentais que se impõem nas esferas pública e privada e que vêm obrigando a uma reavaliação dos conceitos de moral, honra e integridade. Direitos humanos, inseridos no conjunto dos denominados *Direitos da Personalidade*.

É recorrente em vários discursos a preocupação com a crescente reivindicação de reparação pecuniária por dano moral. Fala-se, até mesmo, em fomento à *indústria das indenizações*, ou *securitização* do dano imaterial, como forma adequada à sua reparação.

São incalculáveis os prejuízos que se pode ter no que se refere ao abalo da integridade de uma pessoa. Ter a imagem denegrida e, talvez, destruída pode conduzir alguém ao seu total prejuízo emocional. Nos casos das pessoas de reconhecida idoneidade moral junto à sociedade, os prejuízos se tornam de maior relevância.

O grande problema que se coloca em perspectiva é a cobertura do prejuízo moral sofrido pelo indivíduo. O dano moral pode ser aferido? É possível um quociente que corresponda a um ressarcimento justificável? Apesar das dificuldades, tais questionamentos não devem ficar sem o esforço para alguma resposta satisfatória. Importante é sempre lembrar que as pessoas não devem deixar de postular o ressarcimento de tais danos, procurando pelos seus direitos garantidos pela Constituição.

Verifica-se, do acima exposto, a importância do presente estudo, tendo em vista a grande demanda por estes direitos, que devem ser examinados com rigor, a fim de se evitar desproporções no que se refere aos critérios indenizatórios, tão pouco a sua ineficácia e não efetivação, o que poderia acarretar sérios prejuízos ao conceito de cidadania, que hoje se exige.

Tendo em vista o quadro jurídico atual em que se encontra o dano moral, verifica-se um potencial fabuloso a ser examinado e divulgado, podendo fornecer ótimas fontes aos futuros legisladores, intérpretes e à própria sociedade. Pretende-se com o presente estudo sugerir novos caminhos, não apenas no que se diz respeito a sua teorização, mas também quanto à aplicação prática dos preceitos constitucionais, atinentes ao dano moral. Para a realização dos referidos objetivos, dividiu-se o presente estudo, em cinco capítulos.

No capítulo primeiro tratamos dos direitos humanos fundamentais na construção de uma cultura jurídica humanista. Apresenta-se pressuposto teórico que viabiliza compreender a moral e a honra das pessoas como um direito fundamental. Nessa perspectiva busca-se compreender os direitos fundamentais e os direitos humanos como um conjunto de normas que visam o mesmo objetivo que é a proteção da dignidade da pessoa humana e a vida em liberdade. Avalia as dificuldades de efetivação desses direitos no plano do Estado nacional e no plano internacional. A Constituição brasileira de 1988 proporcionou uma vinculação direta aos direitos humanos provenientes dos tratados internacionais em que o Brasil seja parte o que nos possibilita em pensar esses direitos em uma dimensão de superioridade até mesmo ao plano das soberanias nacionais.

No capítulo II abordam-se os aspectos históricos do dano moral, no tocante a sua gênese, evolução e concretização, bem como os seus significados individuais e sociais, através de um enfoque filosófico, político e jurídico.

No capítulo III, tratou-se da difícil questão que envolve a definição e conceituação do dano moral, partindo do exame da doutrina e legislação comparada. A partir da sua conceituação, desenvolveu-se, nesse mesmo capítulo, uma abordagem sobre a responsabilidade objetiva e subjetiva do dano moral e seus reflexos na obrigação de indenizar. Também neste capítulo a difícil questão da reparação do dano moral, quando verificadas as grandes dificuldades enfrentadas pelos nossos julgadores na fixação de um *quantum*, que venha possibilitar a representação de um equilíbrio na relação indenizador e indenizado. Buscou-se uma solução para a fixação de um quociente a ser utilizado como critério na resolução dos casos concretos.

A constitucionalização do dano moral é o assunto no capítulo IV, concedendo maior atenção à Constituição brasileira de 1988 que certamente significou um grande avanço na garantia dos direitos inerentes à personalidade humana. O presente trabalho reúne visões clássicas e contemporâneas sobre o tema. Sociedades diferentes problemas iguais.

# CAPÍTULO I

# DIREITOS HUMANOS FUNDAMENTAIS NA CONSTRUÇÃO DE UM NOVO HUMANISMO

## 1.1. DIREITOS FUNDAMENTAIS

Direitos fundamentais podem ser considerados por diversas perspectivas: os direitos fundamentais tanto podem ser vistos enquanto direitos de todos os homens, em todos os tempos e em todos os lugares - perspectiva filosófica jusnaturalista; como podem ser considerados direitos de todos os homens (ou categoria de homens), em todos os lugares, num certo tempo - perspectiva universalista ou internacionalista; como ainda podem ser referidos aos direitos dos homens (cidadãos), num determinado tempo e lugar, isto é, num Estado concreto - perspectiva estadual ou constitucional.[10]

O constitucionalismo moderno surge historicamente como forma de garantir a liberdade dos indivíduos diante do poder estatal. Consequentemente, uma gama de outros direitos foi surgindo na consciência dos homens, subjacente ao sentido de liberdade que se foi formulando e reformulando ao longo dos tempos. Reconheceu-se, inicialmente, uma esfera própria de cada indivíduo, onde os mesmos podem movimentar-se com autonomia e proteção. Com o desenrolar dos fatos históricos, esses direitos foram tomando outros contornos e conteúdos.

Os direitos fundamentais constituem uma categoria especial do direito constitucional. Revestem-se esses direitos, de essencialidade para a vida de qualquer indivíduo, uma vez que tocam as dimensões da liberdade e da dignidade. Por serem de grande importância, ganharam o *status* de cláusulas intangíveis, pelo constitucionalismo democrático moderno.

---

10 VIEIRA DE ANDRADE, José Carlos. **Os direitos fundamentais na constituição portuguesa de 1976.** Coimbra: Almedina, 1998, p. 13.

A concepção de direitos fundamentais surge do entendimento da necessidade de se criar mecanismos contra os abusos do poder estatal. A autoridade deve ser controlada por um conjunto de direitos que visem mediar as relações entre governantes e governados, estabelecendo-se o respeito à liberdade individual e a igualdade de todos perante a lei. Esses direitos também devem ser observados nas relações privadas, interpessoais.

Em nossas ações quotidianas, seja diante das instituições ou às outras pessoas, o Direito sempre estará presente. O Direito faz parte da vida do homem em sociedade. Ressalte-se, no entanto, que existem certos direitos que surgem historicamente como direitos que emanam fundamentalidade sobre os demais, devido à sua natureza constitucional. CARLOS SALGADO ensina que os direitos fundamentais são matrizes de todos os demais, garantidos por uma lei especial denominada Constituição. Ressalta o citado professor que esses direitos devem ser entendidos, em sua evolução histórica, como um processo que integra três etapas:[11] em primeiro lugar, aparece a consciência desses direitos em determinadas condições históricas; em segundo lugar, ocorre a declaração positiva e a recepção dos mesmos direitos pelos textos constitucionais e por fim a realização como concretos e eficazes.[12]

Quanto ao conceito de direitos fundamentais, este se apresenta sob dois aspectos: o formal e o material. Sob o aspecto formal, como direitos propriamente ditos, são garantidos numa Constituição como prerrogativas e, sob o aspecto material, como valores. Neste último aspecto, são pré-constitucionais, "pois, que produtos das culturas civilizadas, e determinam o conteúdo desses direitos nas Constituições."[13]

JORGE MIRANDA denomina direitos fundamentais àqueles direitos ou

> posições jurídicas subjetivas das pessoas enquanto tal, individual ou institucionalmente considerada, assente na Constituição, seja na Constituição formal, seja na Constituição material - donde, *direitos fundamentais em sentido formal* e *direitos fundamentais em sentido material*.[14]

---

11   Também nesse sentido ver BOBBIO, Norberto. **A era dos direitos.** Rio de Janeiro: Campus, 1992.
12   SALGADO. Joaquim Carlos. **Direitos fundamentais.** In: Revista Brasileira de Estudos políticos. n. 82, janeiro de 1982, p. 15-16.
13   SALGADO, Joaquim Carlos. *Op. Cit.*, 1982, p. 17.
14   MIRANDA, Jorge. **Direitos fundamentais: introdução geral.** Lisboa: apontamentos das aulas, 1999, p. 11. e também, **Manual de direito constitucional,** 2ª ed. Tomo IV, Coimbra: Coimbra editora, 1998, p. 7.

Os direitos fundamentais formais surgem com as ideias que povoaram o movimento constitucionalista moderno, que impôs uma ruptura paradigmática com a pré-modernidade, onde as normas que regulavam as relações humanas justificavam-se transcendentalmente. O constitucionalismo moderno vem no bojo do projeto da modernidade.

O constitucionalismo moderno configurou-se partir de várias concepções doutrinárias, como o jusnaturalismo, por exemplo, e as teorias que buscavam explicar as bases da organização política e o exercício racional do poder ( Hobbes/Rousseau/Locke/Montesquieu ). A liberdade e a igualdade formais passaram a constituir os pilares da nova ordem nascente. Os homens, nesse novo contexto, passam a ser encarados como sujeitos de direitos. Com o movimento constitucionalista implantam-se os Estados de direito[15].

Na trajetória percorrida pelo Estado moderno, o Direito assume posição fundamental de destaque. As ideias em torno do contratualismo dos Séculos XVII e XVIII são determinantes na compreensão do Estado como fruto da racionalidade humana; produto de um pacto ou consenso entre indivíduos que antes viviam em *estado de natureza*. O conceito de *soberania*[16] formulado por BODIN em seu *Six Livres de la Réplubique* implicou na unificação do poder Estatal, contra um passado fragmentado.

Nesse arcabouço de ideias, o marco paradigmático do Estado moderno é o liberalismo onde o individualismo, a igualdade e a liberdade são ícones de toda uma arquitetura que se delineou edificando e conformam a matriz inicial do Estado constitucional - o Estado constitucional liberal de direito.

No contexto do Estado de direito burguês, os direitos fundamentais são os direitos de liberdade do indivíduo diante do Estado. A esfera de liberdade do indivíduo é concebida como pré-estatal. Em decorrência, a competência estatal diante dessa esfera de liberdade está condicionada a limites. A liberdade, que se expressa como um direito fundamental, sob o ponto de vista jurídico, não é constituída pelo Estado, na medida em que a ele precede. Ao Estado cabe estabelecer os pressupostos e instituições legais para a sua garantia jurídica.[17] Agora não mais como súditos, mas na

---

15  CARVALHO NETTO, Menelick de.*Op. Cit.*, 1999, p. 477.
16  Soberania caracteriza-se por um poder incontrastável, por intermédio do qual define-se e aplica-se um determinado ordenamento jurídico, imposto coercitivamente no âmbito de uma base territorial. Em sua acepção original é compreendida como una, indivisível, inalienável e imprescritível.
17  BÖCKENFÖRDE, Ernest-Wolfgang. **Escritos sobre derechos fundamentales**. Baden-Baden: Nomos Verl.-Ges, 1993, p. 48.

qualidade de cidadãos, aos indivíduos são reconhecidos alguns direitos fundamentais, direitos naturais, pré-estatais, mas inseparáveis da concepção de Estado moderno. Em BOBBIO, vamos encontrar bem caracterizada essa relação entre Estado e cidadãos, quando

> passou-se da prioridade dos deveres dos súditos à prioridade dos direitos dos cidadãos, emergindo um modo diferente de encarar a relação política, não mais predominantemente do ângulo do soberano, e sim daquele do cidadão, em correspondência com a afirmação da teoria individualista da sociedade em contraposição à concepção organicista tradicional.[18]

A concepção de Estado de Direito limitava-se ao entendimento de um Estado que se resumisse à legalidade, restrito ao policiamento para assegurar a manutenção e o respeito à liberdade e à igualdade formais, além da propriedade privada. O ordenamento jurídico impõe-se a todos como um conjunto de regras abstratas, essencialmente negativas - não matar, não roubar etc., consagrando uma ordem jurídica liberal clássica.[19]

Explica-se, assim, o surgimento dos direitos fundamentais de primeira dimensão, ligados às esferas da liberdade, sendo os primeiros a saírem do plano filosófico para ingressarem num texto normativo-constitucional. Os direitos de primeira geração referem-se aos direitos civis e políticos.

Esses direitos - civis e políticos - passaram a fazer parte da matéria constitucional, obtendo reconhecimento e enriquecimento, não havendo Constituição digna desse nome, conforme assegura BONAVIDES, que não os reconheça em toda a extensão.[20]

Os direitos de primeira geração encontram suas raízes no pensamento iluminista e jusnaturalista do século XVII e XVIII, principalmente na obra dos autores contratualistas e na obra kantiana, que fundamentalmente preconizava que a finalidade do Estado era a de assegurar e realizar a liberdade do indivíduo. O início de sua positivação ocorre com as revoluções liberais do século XVIII.

Referem-se, inicialmente, esses direitos, à não intervenção estatal no âmbito da esfera da autonomia individual e, por consequência, eles são marcadamente direitos de cunho "negativo", na medida que coíbem a interferência do Estado.

---

18    BOBBIO, Norberto. **A era dos direitos**. Rio de Janeiro: Campus, 1992, p. 3.
19    CARVALHO NETTO, Menelick de. *Op. Cit.*, 1999, p. 478.
20    BONAVIDES, Paulo. *Op. Cit.*, 1996, p. 517.

Conforme já mencionamos, devido à inspiração jusnaturalista, os direitos fundamentais de primeira dimensão compreendem os direitos à vida, à liberdade, à propriedade e à igualdade perante a lei, que posteriormente sofrem seus desdobramentos, contemplando, segundo SARLET,

> um leque de liberdades, incluindo as assim denominadas liberdades de expressão coletiva (liberdades de expressão, imprensa, manifestação, reunião, associação etc.) e pelos direitos de participação política, tais como o direito de voto e a capacidade eleitoral passiva, revelando, de tal sorte, a íntima correlação entre os direitos fundamentais e a democracia[21]

Quanto aos desdobramentos da igualdade de todos perante a lei, verificam-se como relevantes as garantias processuais, tais como o princípio do *due process of law,* o *habeas corpus* e o direito de petição perante a administração pública e órgãos do Estado.[22] São direitos garantias, na medida que estabelecem-se como instrumento de proteção da pessoa humana.

O constitucionalismo clássico introduz esses direitos declarados no rol da matéria constitucional, ao lado daquelas normas que indicam a organização do Estado. Esses direitos abstratos tornam-se parte das constituições de Estado, convertendo-se, teoricamente, em regras jurídicas, superando as meras formulações ontológicas. Ressalte-se, no entanto, que a sua simples inclusão no texto supremo não implicou a eficácia e garantia, na medida em que, na grande maioria das vezes, esses direitos proclamados eram reduzidos a um puro reconhecimento semântico.[23] Verificou-se, tão logo se passou a conviver com aquele novo estágio constitucional, que não bastava a simples declaração de direitos nos textos constitucionais, enquanto estes careciam de elementos de efetividade.

No constitucionalismo do entreguerras consagram-se os direitos econômicos e sociais. Antecedidas pela Constituição mexicana de 1917 e de Weimar de 1919, introduzem-se nos textos constitucionais desse ciclo, direitos relativos ao trabalho, seguro social, função social da propriedade, nacionalização, empresas públicas etc.[24]

---

21 SARLET, Ingo Wolfgang. *Op. Cit.*, 1998, p. 49.
22 SARLET, Ingo Wolfgang. *Op. Cit.*, 1998, p. 49.
23 ESTEBAN, Jorge de. **Tratado de direito constitucional.** Tomo. I, Madrid: Servicio Publicaciones Facultad Derecho, 1998, p. 300.
24 BARACHO, José Alfredo de Oliveira. *Op. Cit.*, 1986, p. 41.

Conforme assevera HOBSBAWM, os direitos existem nas mentes de homens e mulheres como parte de conjuntos especiais de convicções sobre a natureza da sociedade humana e sobre a ordenação das relações entre os seres humanos dentro dela. Ou seja, não são tão abstratos. É com base nesse sentimento que o operariado passou a acreditar que devia e que podia exigir certos direitos. Nessa perspectiva, a contribuição mais importante dos movimentos operários do século XIX aos direitos fundamentais, segundo o citado historiador, foi demonstrar que eles exigiam uma grande amplitude e que tinham de ser efetivos na prática, tanto quanto no papel.[25]

Esses direitos referem-se àquela categoria de direitos compreendidos como básicos ao fomento e proteção da dignidade humana. São os direitos de segunda dimensão, devendo o Estado abandonar a postura de abstencionista, passando a atuar efetivamente para realização daquelas prestações essenciais daqueles direitos sociais mínimos.

O Estado social representa um momento de emancipação do homem, um salto qualitativo nas concepções de Estado e sociedade permeados pela promoção da ideia de unidade política a partir da justiça social, patrocinada pelas instituições públicas. Há um alargamento do conceito de cidadania.

Os direitos socioeconômicos programam o exercício de direitos individuais e políticos, indicando que são *indivisíveis*. Não há como ser livre sem as garantias socioeconômicas.

> O que ocorre, na verdade, é o surgimento de um novo conceito de indivíduo, que ultrapassa o conceito liberal. É um indivíduo portador de todos os direitos que possam permitir a sua completa integração à sociedade em que vive. É um indivíduo que não tem apenas o direito à sobrevivência, o direito à vida biológica, mas direito à vida com dignidade.[26]

BOLZAN DE MORAES, ao analisar o Estado democrático de direito, observa com razão que a questão da igualdade também não obteve solução no âmbito do paradigma do Estado social, o que demanda o desenvolvimento de um novo conceito de igualdade, agora forjado nos ideais democráticos, alinhado à ideia de Estado

---

25 HOBSBAWM, Eric J. **Mundos do trabalho: novos estudos sobre a história operária.** Rio de Janeiro: Paz e Terra, 1987, p. 411 **et. seq.**
26 MAGALHÃES, José Luiz Quadros de. **A nova democracia e os direitos fundamentais.** In: Revista da Faculdade de Direito da UFMG, nº 36, Belo Horizonte, 1999, p. 152.

de direito, em cujo conteúdo estão presentes as conquistas democráticas, as garantias jurídico-legais e, também, as preocupações sociais. "Tudo constituindo um novo conjunto onde a preocupação básica é a *transformação do status quo*."[27] Subjacente ao princípio democrático há uma inclinação ao redimensionamento do cidadão, no sentido de que já não bastam direitos escritos nas Constituições compreendidos como fundamentais. Sobretudo, exige-se o *direito à democracia*, de participação nas decisões de Estado, já que tais decisões importam uma série de consequências na vida coletiva e particular de cada indivíduo.

O elemento democrático ressurge acompanhado da ideia de defesa do sujeito alinhado à liberdade, sobretudo de participação. A democracia como meio institucional à formação e ação do sujeito.[28]

SÁNCHES AGESTA, ao mencionar o caráter aberto e público que devem permear as decisões políticas, condicionadas a um canal de participação que permite a todos estarem informados, sem exclusões, define democracia pluralista "*como la forma de gobierno de **decisiones abiertas** en un régimen de **responsabilidad** y discutidas en público y su cumplimiento es vigilado por el público.*"[29] A democracia mostra-se, dessa forma, como um modo de organizar a sociedade política, de maneira que a pluralidade das manifestações sociais possa fazer-se presente nas decisões que devem ser abertas à participação popular, legitimada pelo direito de associação e livre discussão como fundamento dessa participação.[30] É nesse contexto que QUADRO DE MAGALHÃES, ao desenvolver a ideia em torno da nova democracia, defende um modelo constitucional que crie mecanismos de comunicação e de discussão, que permita à população, aos cidadãos de uma comunidade, encontrarem as suas próprias respostas para os seus problemas do quotidiano. O Poder, por intermédio de sua estrutura administrativa, deve estar disponível e a serviço dessas permanentes transformações legitimadas pelo processo democrático constitucionalmente assegurado,[31] ou ainda, conforme HABERMAS, que ao explanar sobre o poder comunicativo e formação legítima do poder, avalia que os di-

---

27 MORAES, José Luiz Bolzan de. *Op. Cit.*, 1996, p. 74.
28 TOURAINE, Alain. **O que é democracia**. 2ª ed., Petrópolis: Vozes, 1996, p. 199.
29 AGESTA, Luis Sánchez. **Curso de derecho constitucional comparado**. 7ª ed., Madrid: Facultad de Derecho - Universidad Complutense, 1988, p. 102.
30 AGESTA, Luis Sánchez. *Op. Cit.*, 1988, p. 103.
31 MAGALHÃES, José Luiz Quadros de. *Op. Cit.*, 1997, p. 104.

reitos de participação política remetem à institucionalização jurídica de uma formação pública da opinião e da vontade, a qual culmina em resolução sobre leis e políticas, devendo essa opinião formar-se a partir do princípio do discurso, tanto *cognitivo* como no sentido *prático*.

O Direito argumenta HABERMAS, não regula contextos interacionais em geral, como é o caso da moral; servindo, no entanto, como *medium* para a auto-organização de comunidades jurídicas que se firmam, num ambiente social, sob determinadas condições históricas.[32]

Se por democracia também podemos entender a vontade do indivíduo-cidadão presente na elaboração do ordenamento jurídico sob o qual deverá estar submetido; quanto maior a sua participação - não só no momento da concepção, mas também, no da aplicação desse ordenamento -, maior será o grau de democracia alcançado. O Direito, sem embargo, deve ser compreendido como um substrato da vida social, contendo um mínimo de vontade do indivíduo-cidadão em sua substância reguladora, bem como à hora de sua concretização. Preconiza-se um modelo constitucional democrático que garanta a fala e a voz dos indivíduos que se inserem em uma determinada comunidade política.

BOLZAN DE MORAES avalia que o Estado democrático de direito tem por característica a finalidade de *ultrapassar* não só as formulações do Estado liberal, mas também o Estado social, impondo à ordem jurídica e à atividade estatal um conteúdo utópico de *transformação da realidade*[33].

Os direitos de terceira dimensão, atinentes aos direitos de solidariedade e fraternidade surgem como instrumentos que permitiriam essa transformação. Caracterizam-se esses direitos por se destinarem à proteção de coletividades, destacando-se os elementos da indeterminabilidade, indefinição e difusão no tocante à titularidade. Esses direitos, apesar de ainda se encontrarem em processo de consagração por grande parte dos ordenamentos políticos estatais, têm a sua temática debatida no contexto internacional, visto que demandam uma orientação conjunta da comunidade internacional. Hoje, por exemplo, fala-se em consórcios internacionais de meio ambiente[34] com a finalidade de se empreender esforços conjuntos, a fim de se provocar um desenvolvimento sustentável em determinadas áreas do globo, importantes para a humanidade em geral.

---

32  HABERMAS, Jürgen. **Direito e democracia: entre faticidade e validade**. Vol. I, Rio de Janeiro: Tempo Brasileiro, 1997, p. 190-191.
33  MORAIS, José Luiz Bolzan de. *Op. Cit.*, 1996, p. 75.
34  Vide tese de doutorado defendida por BRUNO WANDERLEY JÚNIOR perante o Curso de Pós-Graduação da FD/FFMG/2000, intitulada: **Do Consórcio Internacional de Meio-Ambiente**.

Essa categoria de direitos fundamentais surge no bojo de uma sociedade complexa que se manifesta em múltiplas relações, seja na esfera interna ou internacional.

No plano interno, conjugados com o ideário democrático e pluralista, os direitos de terceira geração ou dimensão implicam uma reacomodação dos espaços que assumem os planos do público e do privado, onde sociedade civil e Estado devem atuar de maneira subsidiária nos vários eventos que demandam soluções racionais e democráticas.

Referindo-se às várias mudanças por que passaram os direitos fundamentais, resume JORGE MIRANDA, dizendo que

> a evolução e as vicissitudes dos direitos fundamentais, seja numa linha de alargamento e aprofundamento, seja numa linha de retração ou de obnubilação, acompanham o processo histórico, as lutas sociais e os contrastes de regimes políticos - bem como o progresso científico, técnico e econômico que permite satisfazer necessidades cada vez maiores de populações cada vez mais urbanizadas[35].

Na sociedade contemporânea, os direitos fundamentais fazem-se cada vez mais importantes na consecução de uma sociedade mais livre e igual, onde os valores em torno da preservação da vida e da dignidade da pessoa humana tornam-se pedra angular de uma comunidade.

## 1.2. DIREITOS HUMANOS

No campo das relações internacionais contemporâneas, a temática em torno dos direitos humanos vem norteando todos os entendimentos. O Direito internacional impõe-se cada vez mais na proteção dos direitos da pessoa humana.

O art. 4º, inciso II da Constituição brasileira de 1988, seguindo a mesma orientação do art. 7º, nº 1 da Constituição portuguesa de 1976, assegura que *A República Federativa do Brasil rege-se nas suas relações internacionais pelo princípio da prevalência dos direitos humanos*. Nessa lógica, a prevalência dos direitos humanos, tanto no âmbito interno como externo, assegura-se como um direito fundamental, indicando a existência de certos direitos que estão acima dos Estados em particular.

---

35 MIRANDA, Jorge. *Op. Cit.*, Tomo IV, 1998, p. 25.

A ideia em torno dos direitos humanos surge da confluência de várias fontes - filosóficas, jurídicas, teológicas -, num imbricado jogo de concepções em torno de leis universais, que se impõem acima de qualquer lei criada pelo próprio homem. Apregoam-se ideias universais, direitos que possam alcançar todos os indivíduos, independentemente de nacionalidade, credo ou etnia.

A noção de direitos humanos que, em essência, representa o fruto das reflexões elaboradas pelo jusnaturalismo, encontra suas raízes no estoicismo, na ideia judaico-cristã de uma legislação de origem superior às normas jurídicas positivas. Todavia, a ideia e a possibilidade de declarações de direitos humanos são recentes, originais e específicas em relação a um momento da história do pensamento jurídico ocidental.[36] A Declaração da ONU completou no ano de 2008 os sessentas anos de existência. A questão dos direitos humanos é um tanto jovem, ainda.

Não obstante, entender as diferenças sociais entre os homens como algo plenamente aceitável, por ser uma consequência da própria natureza - contrariando um dos pilares dos direitos humanos que é a igualdade de todos os homens -, o pensamento grego, principalmente o aristotélico, apegava-se à ideia da existência de leis universais que regiam a vida de todos os homens, por intermédio de princípios superiores as leis específicas de cada povo. Há nessa concepção a ideia de um direito natural.

O pensamento cristão primitivo também desenvolveu sua noção de direito natural. O direito natural era compreendido pelos padres da Igreja católica em perspectivas absoluta e relativa, sendo a primeira a melhor vertente por se referir àquele direito ideal que imperava antes que a natureza do homem fosse viciada pelo pecado original. Direitos relativos à propriedade, ao matrimônio, à submissão a um governo temporal e a um direito penal, inserem-se na dimensão de um direito natural relativo, visto que inerentes às necessidades básicas do homem, depois de sua queda.[37]

A defesa da igualdade de todos os homens numa mesma dignidade fica bem clara na formulação de São Paulo, na sua Epístola

---

36 ARNAUD, André-Jean. **O direito entre modernidade e globalização: lições de filosofia do Direito e do Estado.** Rio de Janeiro: Renovar, 1999, p. 74.
37 Cf. MAGALHÃES, José Luiz Quadros de. **Direitos humanos na ordem jurídica interna.** Belo Horizonte: Interlivros de Minas Gerais, 1992, p. 29 **et. seq.** - Direito constitucional. Tomo I, Belo Horizonte: Mandamentos, 2000, p. 21 **et. seq.**

aos Gálatas, cap. 3, versículos 27-28, onde assim se manifesta: *Não há judeu nem grego, não há escravo nem homem livre; todos vós sois um só, em Cristo.*

A ideia de um direito natural irá povoar todo o pensamento que se desenvolve com as várias mudanças que ocorrem a partir do século XVI, e nas concepções de autores como Hugo Grotius, Hobbes, Spinoza, Pufendorf, Rousseau, Locke, Kant, caracterizando-se como uma fase clássica do direito natural.

No arcabouço dessas várias vertentes, podemos identificar uma característica comum, que é a ideia de um direito universal, que transcende a lei particular de um determinado Estado. Do quadro paradigmático do direito natural e da dicotomia direito natural e direito positivo, nasce toda a problemática em torno dos direitos humanos.

CELSO LAFER, levando em consideração as várias vertentes de reflexão em torno da percepção de Direitos Naturais e admitindo a diversidade de entendimentos, afirma a possibilidade de se identificar um paradigma de pensamento, referente ao direito natural. Dentre os vários pontos que viabilizam essa possibilidade, destaca os seguintes: a ideia de imutabilidade; universalidade; a função de qualificar como justa, má ou injusta determinada conduta humana, determinando uma contínua vinculação entre norma e valor, importando uma permanente aproximação entre direito e moral. O acesso a esses direitos dá-se por intermédio da razão, da intuição ou da revelação. Daí, o fato de seus princípios serem dados, e não postos em convenção. [38]

Nota-se que o direito natural, em relação ao direito positivo, apresenta-se como um sistema de valores, universais e imutáveis. LAFER distingue dois planos na elaboração doutrinária dos direitos naturais: o ontológico e o deontológico. Os planos do Direito e da Justiça se intercalam, na medida em que o Direito passa a ser pensado a partir do paradigma do direito natural. Com base em seu sistema de valores, possibilita a criação e aplicação do direito positivo, pondo em primeiro plano o sentimento de justiça.

As ideias em torno dos direitos inatos e o contratualismo permitiu a elaboração de uma doutrina do direito e do Estado a partir da concepção individualista da sociedade e da história. O jusnaturalismo chega ao seu apogeu com o advento da Ilustração. O

---

38  LAFER, Celso. **A reconstrução dos direitos humanos: um diálogo com o pensamento de Hannah Arendt.** São Paulo: Companhia das Letras, 1988, p. 36.

entendimento de um direito racional, universalmente válido, teve grandes desdobramentos com o constitucionalismo moderno. Essa influência, paradoxalmente, contribuiu para a deflação do paradigma do direito natural.[39] A doutrina do direito natural, muito criticada por diversos flancos, nos fins do Século XVIII e primeira metade do Século XIX, por autores como Edmund Burke, escola histórica alemã (com Savigny à frente), Marx e Engels, dentre outros, entra em declínio. A experiência jurídica dos Séculos XIX e XX determinou uma preponderância do direito positivo em relação ao Direito de inspiração natural, identificando tão-somente como Direito aquilo que emanava das leis positivadas, promovendo a separação entre Direito e Moral.

A crença em um direito positivado, fruto da razão é determinante na aventura modernizante a que a humanidade se lançou ao longo dos últimos três séculos.

O jusracionalismo demonstrou ao longo da história que, desvinculado da concepção de justiça, pode ocasionar como de fato ocasionou enormes acontecimentos perversos, que não conseguiram impedir a transgressão a certos direitos, compreendidos como inerentes ao homem em sua dimensão universal.[40] Para ficarmos apenas num desses acontecimentos, lembre-se de Auschwitz, por exemplo.

---

39   LAFER, Celso. *Op. Cit.*, 1988, p. 38
40   MÁRCIO SOTELO FELIPE, em ótimo trabalho monográfico intitulado **Razão jurídica e dignidade humana** acerca da tão proclamada racionalidade do direito positivo, faz algumas ponderações que entendemos pertinentes, quando colocamos em debate as questões inerentes aos Direitos Humanos. Afirma o citado autor, com bastante acuidade, que "a moral não é resultante de uma complexa elaboração intelectual, mas de noções residentes no indivíduo, em **todos os indivíduos**: a consciência de si e a consciência do outro, a relação consigo mesmo e a relação com o outro. O encontro do homem consigo mesmo, a cisão superada, o dever ser realizado, é uma notícia de todos para todos. [...] eficácia é a pedra de toque do Positivismo. A objetividade que o Positivismo tanto persegue é conferida pelo Positivismo, o que seria engraçado não fosse trágico. [...] Há alguns séculos que não nos representamos mais como subordinados à vontade do rei, mas sim como **livres e iguais**, e portanto o que vale é a vontade de todos. [...] A força da lógica me conduz para além de todos: **encontro assim a noção de direitos humanos fundamentais**. A lógica perversa do Positivismo consiste em **eleger** a razão como a essência do jurídico, para declarar 'cientificamente', 'objetivamente', a coerção como 'a característica essencial do Direito'." ( São Paulo: Max Limonad, 1996, p. 22-23.). ROBERTO ROMANO, ao prefaciar a citada obra, lembra a importância dos juristas alemães na justificativa legal aos atos perpetrados pelo Terceiro Reich. Traz à memória Carl Schimitt, em 1934, no "**Der Führer schützt das Recht", nas seguintes palavras: "O Führer defende o Direito contra os piores abusos quando, no instante do perigo, e em virtude das atribuições de Supremo Juiz, as quais enquanto Führer, lhe competem, cria diretamente o Direito".** Vasculhando a nossa realidade jurídica, não muito diferente, arraigada ao positivismo jurídico, cita Francisco Campos como o "gênio da Polaca, inspirador dos Atos Institucionais." Nota-se, assim, que ao lado dos tiranos sempre encontramos grandes juristas, que a partir de argumentos baseados no direito posto podem justificar as piores das atrocidades.

A dicotomia entre jusnaturalismo e jusracionalismo deve ser superada por um novo paradigma que possa compreender os direitos humanos como uma categoria de direitos que se devem estabelecer como fundamento ao direito supremo da vida e da dignidade do ser humano, como valores a serem perseguidos por toda humanidade.

Os direitos humanos, assim compreendidos, devem atuar concomitantemente com os direitos fundamentais de cada ordem jurídico--constitucional, em particular. Na aplicação de determinado preceito positivado por dado ordenamento particular, deve-se colocar em perspectiva os valores que norteiam os direitos humanos. Verifica-se a necessidade de se promover a reaproximação entre a esfera do Direito, da Moral e da Ética.

Vale destacar que a temática dos direitos humanos deve ser compreendida como uma ideia que deve levar em consideração as mais diversas culturas, sendo o direito à cultura, à língua, por exemplo, desdobramentos desse núcleo denominado direitos humanos. Deve-se buscar uma concepção intercultural desses direitos.

Olhando as diversas manifestações culturais, em todos os tempos e lugares, vislumbramos uma percepção de autopreservação, de esperança na vida, que apesar de se manifestar e se expressar de maneira diferenciada, converge para um sentimento que se liga à percepção de um direito inerente a todos os homens. O homem é um ser fadado à fraternidade, ao agir ético.

A universalidade de um conjunto de valores que informa um determinado núcleo de direitos compreendidos como inerentes à pessoa humana não querem significar a sua uniformização de entendimentos, visto que princípios tais como a autodeterminação dos povos apresenta-se como princípio abalizador.

Prescinde-se de um equacionamento nas orientações referentes aos direitos humanos, devendo eles expressar-se nas faixas fronteiriças que separam culturalmente o universal do particular.

O universal deve ser adaptado sempre ao particular, possibilitando, assim, a sua assimilação. Há que se equacionar a universalidade dos direitos humanos às diversidades culturais e visões de mundo. Nesse ponto visualizamos o ponto de tangência entre os direitos humanos universalmente concebidos e os direitos fundamentais formais.

Impõe-se, desse modo, a indagação sobre o conceito de direitos humanos, questionando-se o que são direitos humanos. Das várias vozes que se erguem ao derredor dessa problemática, podemos extrair um conceito universalmente aceito? Por que os direitos humanos exercem hoje um fascínio, nos mais variados discursos, emanados dos quatro cantos do mundo?[41]

No cerne dessas questões, encontra-se o fato de que os direitos humanos, na sua concepção atual, constituem-se numa característica do nosso tempo, que o diferencia das demais épocas da história humana. É uma construção do nosso tempo.

Os direitos humanos, em princípio, constituem a proteção mínima que permite ao indivíduo viver uma vida digna, defendendo-o das usurpações do arbítrio estatal (ou outro); configurando lhe um espaço sagrado, intransponível, traçando à sua volta uma esfera privada inviolável.[42]

Revelam-se como um conjunto de normas que visam a defender a pessoa humana contra os excessos do poder ou daqueles que exercitam o poder, visto que também são oponíveis contra atos de outros indivíduos.

Em perspectivas filosóficas, os direitos humanos constituem um núcleo de direitos que toca a autonomia ética do Homem; um valor que transcende a História e está para além de qualquer ordem jurídica particular. [43]

Os horrores perpetrados pelas Primeira e Segunda Guerras Mundiais acabaram por funcionar como catalisadores na conscientização da necessidade de se criar mecanismos jurídicos, em âmbito internacional, capazes de proteger os direitos denominados humanos.

> A experiência da guerra e dos totalitarismos, sobretudo num momento em que já não é possível condenar à abstenção do Estado - definitivamente consagrado como administrador da sociedade - e se anuncia uma nova ordem social, impôs que se aproveitassem os laços internacionais, entretanto criados para declarar e estabelecer um certo núcleo fundamental de direitos internacionais do homem[44].

---

41 HEINER BIELEFELDT, ao tratar da nova indefinição na compreensão dos direitos humanos, constrói sua argumentação, constatando que é quase inquestionável a valorização dos direitos humanos na política e no direito internacional durante as últimas décadas, mas que não devemos nos enganar com a conclusão de que hoje realmente eles sejam observados e respeitados em todo o mundo. Avalia que a incapacidade de se conseguir impor a universalização dos direitos humanos por falta de instrumentação adequada é acrescida da compreensão cada vez mais difusa de seu significado. Possivelmente, escreve o citado autor, o conceito dos **direitos humanos** compartilha o mesmo destino de outro **conceito-chave** no domínio político e jurídico moderno, qual seja, o conceito de **democracia**. As diferenças políticas, culturais e de cosmovisão emergem na forma de controvertidas interpretações dos direitos humanos ( Filosofia dos direitos humanos: fundamentos de um ethos de liberdade universal. São Leopoldo, RS: UNISINOS, 2000, p. 15 et. seq. ).
42 Cf. HAARSCHER, Guy. **A filosofia dos direitos do homem.** Lisboa: Instituto Piaget, 1997, p. 13.
43 Cf. VIEIRA DE ANDRADE, José Carlos. *Op. Cit.*, 1998, p. 12-13.
44 VIEIRA DE ANDRADE, José Carlos. *Op. Cit.*, 1998, p. 16.

Desde a Carta das Nações Unidas, elaborada em S. Francisco, em 1945, e posteriormente com a Declaração de 10 de dezembro de 1948, e depois, em 1966, com os Pactos Internacionais de Direitos Econômicos, Sociais e Culturais e de Direitos Cívicos e Políticos, em vigor desde 1976, vêm sendo concebidos, na esfera internacional, numerosos documentos cujo conteúdo principal refere-se à proteção dos direitos humanos.

Figurando como instrumentos importantes, neste cenário, a Convenção Americana dos Direitos do Homem, assinada em 1969, em São José da Costa Rica, entrando em vigor a partir de 1978, contando com 17 ratificações, não tendo sido ratificada ainda pelos EUA, Brasil e Argentina; a Convenção Europeia para Salvaguarda dos Direitos do Homem, de 1950, completada em 1961 pela Carta Social Europeia, em vigor desde 1965. No contexto dos países africanos, vale destacar a Carta Africana dos Direitos dos Homens e dos Povos, assinada em 1981, em Nairóbi, aguardando ainda as ratificações necessárias para entrar em vigor.[45]

Todas essas manifestações convergem para um ponto essencial, qual seja: a preocupação em se eleger um corpo de leis internacionais que possam motivar a garantia e proteção da vida e dignidade do homem, como ser universal e não tão-somente como indivíduo pertencente a uma determinada comunidade politicamente organizada.

O Direito Internacional Público apresenta-se, então, como senda paradigmática a ser seguida; onde essas demandas que se manifestam na órbita de uma nova Ética para o homem, que se insere numa especial seriedade e urgência.

> O Direito Internacional Público constitui-se na tentativa de ordenamento do Poder na comunidade internacional. Além da busca da solução justa, que caracteriza a essência do Direito, defrontamo-nos com o jogo das influências complexas no processo decisório internacional.

escreve ARTHUR DINIZ, ressaltando ainda, com base no pensamento de PHILIP JESSUP, que se revela no Direito Internacional Público

> a natureza humana, presente na família, recanto íntimo e espontâneo, arena em miniatura, porém, refletindo em seu seio tensões políticas e ambições dominadoras. Quantos dramas encontramos nos autos das disputas sucessórias, pequenas ou grandes heranças desunindo Gerações[46].

---

45   Cf. VIEIRA DE ANDRADE, José Carlos. *Op. Cit.*, 1998, p. 17-18.
46   ALMEIDA-DINIZ, Arthur J. **Novos paradigmas em direito internacional público**. Porto Alegre: Sergio Antonio Fabris Editor, 1995, p. 19.

AMOROSO LIMA, em monografia intitulada "Os direitos do homem e o homem sem direitos", disserta sobre a limitação *intrínseca* e *extrínseca*[47] dos direitos; observa que a lei não possui *em si* um direito absoluto, na medida em que é o *fim* perseguido por ela que a legitima e não apenas a fonte de que provém.[48] lembra OLIVEIRA BARACHO, afirmando ainda que

> é a primeira vez, na experiência da humanidade, que ocorre aceitação universal da necessidade de um mínimo de normas, no que se refere aos direitos individuais, como uma Declaração Universal para a comunidade global[49].

No entanto, um sistema jurídico internacional, global, eficaz e atuante ainda não passa de uma ideia a ser construída, tendo em vista a delicadeza que envolve esse assunto.

Pensar em uma ordem jurídica internacional é colocar conceitos como povo, território e soberania em perspectivas de profundas reavaliações.

No quadro dessas múltiplas implicações que envolvem a instituição de uma nova ordem jurídica internacional, pondo em perspectiva a proteção dos direitos humanos, há que se salientar que tal proposta não deixa de ser uma aspiração daquelas comunidades políticas mais democráticas. A Constituição Federal brasileira de 1988, no art. 7º do Ato das Disposições Constitucionais Transitórias, em consonância com a concepção de proteção dos direitos humanos no âmbito internacional, preconiza que o *Brasil propugnará pela formação de um tribunal internacional dos direitos humanos*.

O citado artigo deve ser compreendido como um programa a ser realizado pelo Brasil em suas relações internacionais, onde deverá estabelecer práticas que corroborem os princípios basilares insculpi-

---

47 No que se refere à distinção entre as limitações intrínsecas e extrínsecas, AMOROSO LIMA assim se manifesta: "A medida de ordem individual que limita a própria lei é o 'respeito dos direitos e liberdades de outrem'. É o direito do próximo que limita o nosso próprio direito. No exercício dos meus direitos não tenho o direito de invadir o domínio dos direitos alheios. É uma limitação extrínseca no exercício dos direitos do homem. [...] Para que os deveres sociais sejam doutrinaria e praticamente exercidos em sua plenitude, é mister que essa **limitação dos direitos** não nos seja **imposta**, e sim espontaneamente exercida, de dentro para fora, e não de fora para dentro. Embora o **outro** não seja afetado ou não proteste ou não ocorra a intervenção do poder público para restaurar um direito ofendido ou para impedir, previamente, uma extrapolação de direitos, embora nada disso ocorra ( isto é, uma intervenção **extrínseca** ), é preciso que o portador de um direito **autolimite** a sua própria faculdade de ação jurídica. É mister, por outras palavras, que ocorra uma limitação intrínseca." (AMOROSO LIMA, Alceu. **Os direitos do homem e o homem sem direito.** 2ª e., Rio de Janeiro: Vozes, 1999, p. 195 ).
48 AMOROSO LIMA, Alceu. *Op. Cit*, 1999, p. 194.
49 BARACHO, José Alfredo de Oliveira. **A prática jurídica no domínio da proteção internacional dos direitos do homem ( a Convenção Europeia dos Diretos do Homem ).** In: Revista do CAAP: Belo Horizonte, nº 3, 1996/97, p. 15.

dos no art. 4°, incisos I e II do nosso texto fundamental, quais sejam: *independência nacional* e *prevalência dos direitos humanos*. Uma equação delicada, mas urgente. O Direito Internacional Público deve-se orientar para esse novo tempo de demandas inusitadas. Deve se adequar a uma realidade cada vez mais dinâmica. ALMEIDA-DINIZ preconiza um Direito Internacional Público capaz de captar os sinais dos novos tempos escrevendo que

> a necessidade da busca de novos paradigmas em Direito Internacional Público fundamenta-se em uma análise das tendências do pensamento jurídico. Beneficiaram-se estas dos progressos alcançados nos domínios da Filosofia, da Psicologia Social, da História, da Ciência Política, da Sociologia, da Geografia, da Economia, etc... Todas convergem para o esforço de se restaurar a dignidade da pessoa humana, tendo preocupação central com a Ética[50].

Como podemos notar diante do até aqui exposto, a questão dos direitos do homem deve-se orientar por novos paradigmas. Após a Segunda Guerra Mundial, houve grandes esforços, impulsionados pelos horrores perpetrados naquela ocasião. Ocorre que, hoje, vários fatores concorrem para que esses direitos não sejam respeitados, na medida em que vivemos em sociedades cada vez mais complexas.

A ampliação do conjunto de aplicação dos direitos humanos propicia o desenvolvimento maior da temática da intimidade e da privacidade, com a preocupação em definir seu conteúdo. Nessa perspectiva situamos a intimidade no Direito Constitucional Comparado e no Direito Internacional.[51]

## 1.3. A FUNDAMENTABILIDADE DOS DIREITOS HUMANOS

Os direitos humanos se inscrevem numa órbita, cujos valores compartilham todos os homens. Em decorrência de sua universalidade, vislumbramos a sua fundamentabilidade material.

---

50  ALMEIDA-DINIZ, Arthur J. *Op. Cit.*, 1995, p. 21.
51  Cfr. RUIZ-MIGUEL, Carlos. **La configuración constitucional del derecho a la intimidad**. Madrid: Editorial Técnos S/A; VALLEJO, Antonio Orti. **Derecho a la intimidad e informática: tutela de la persona por el uso de ficheros y tratamientos informáticos de dados personales privado**. Granada: Editorial Comares, 1994; CAVERO, José Martínez de Pison. **El derecho a la intimidad en la jurisprudência constitucional**. Madrid: Editorial Civitas S/A, 1993.

Na concepção de Estado constitucional democrático a questão dos direitos humanos torna-se de grande importância na realização dos fins atribuídos aos poderes públicos.[52] A temática dos direitos humanos exige uma reflexão que se insere em perspectivas antropológica, filosófica, sociológica, política e jurídica. No campo das relações internacionais, a questão dos direitos humanos constitui o ponto principal das agendas desse início de século.

A concepção em torno dos direitos humanos coloca o ser humano na qualidade de sujeito do Direito Internacional, concedendo ao indivíduo plena capacidade jurídica internacional.

O processo de generalização da proteção dos direitos humanos se desencadeou no plano internacional a partir da adoção, em 1948, da Declaração Universal dos Direitos Humanos. Conforme TRINDADE, "Era preocupação corrente, na época, a restauração do direito internacional em que viesse a ser reconhecida a capacidade processual dos indivíduos e grupos sociais no plano internacional." Nesse sentido, ainda segundo TRINDADE, já não se tratava de proteger indivíduos sob certas condições ou em situações circunscritas, mas sim, de proteger o ser humano como tal.[53]

Os direitos humanos vêm alcançando grande destaque no plano internacional, devendo ser o grande tema do Direito do século XXI. A importância desse debate não pode deixar de observar que, apesar das várias óticas e enfoques em que eles podem ser concebidos, é que há, conforme muito bem assinalou FERNANDO BARCELOS DE ALMEIDA, uma coisa em comum que perpassa esses vários entendimentos, na medida em que, ao se falar em direitos humanos, onde quer que seja, significa falar, simultaneamente, naqueles que detêm o poder e naqueles que não o detêm.[54] Conforme bem observa CIURO CALDANI, a cultura ocidental de nossos dias projeta uma "pós-modernidade" que, em sua superfície, caracteriza-se por uma grande diversidade cultural, que no fundo corresponde ao predomínio avassalador da economia e da utilidade. Um mundo que se submete aos comandos do sistema econômico, impondo-se uma

---

52   Remetemos o leitor para o subtítulo 1.4. do Capítulo II da Segunda Parte do presente trabalho.
53   CANÇADO TRINDADE, Antônio Augusto. **O legado da Declaração Universal de 1948 e o futuro da proteção internacional dos direitos humanos.** In: Revista do Instituto Interamericano de Derechos Humanos , nº 26, julho/dezembro de 1997, p. 13; CANÇADO TRINDADE, **Tratado de direito internacional dos Direitos humanos.** Vol. I, Porto Alegre: Fabris Editor, 1997, p. 17 **et seq**.
54   ALMEIDA, Fernando Barcelos de. **Teoria geral dos direitos humanos.** Porto Alegre: Sérgio Antônio Fabris Editor, 1996, p. 17.

percepção utilitária do mesmo, e que nos afasta das dimensões do humano. A filosofia e a ciência são absorvidas pela técnica. Nesse sentido, a complexa problemática jurídica na aurora do século XXI significa, segundo CALDINI, em grande medida, uma forte tensão axiológica entre os *valores-utilidade, justiça* e *humanidade*. Em outras palavras: entre *direito, economia* e *cultura* em geral.[55]

Os direitos humanos, devido à sua fundamentabilidade material, colocam-se ao lado dos direitos fundamentais formais, conformando aquilo que identificamos como *bloco de direitos superiores*. Um conjunto de normas que exige ser respeitado pelo legislador ordinário e de reforma constitucional, cuja atividade legiferante se manifeste no quadro do paradigma do Estado democrático de direito.

O bloco dos direitos superiores (direitos fundamentais formais e direitos fundamentais materiais) deve ser compreendido como valores máximos de uma comunidade de seres humanos, orientadores de todas as práticas de governo, bem como da atividade hermenêutica. Devido à sua base principiológica, o bloco desses direitos torna--se valor-fonte de toda experiência ética que se possa conceber no plano da tensão entre juridicidade (*validade*) e *faticidade*.

Na trama entre ordem jurídica interna e direito internacional, questiona-se, hoje, se ainda haveria sentido em falarmos em Estados nacionais soberanos. Com a evolução e aceitação dos direitos humanos em nível internacional, não estaria em depreciação o conceito de soberania nacional? A soberania deveria ser a soberania de tais direitos; ou seja: o poder deve ser exercido com fundamento na ordem soberana dos direitos humanos.

O Brasil rege-se nas suas relações internacionais pelos princípios da independência nacional, prevalência dos direitos humanos, pela autodeterminação dos povos e a não intervenção ( art. 4º; I, II, III e IV da CRFB ), propugnando por um tribunal internacional dos direitos humanos ( art. 7º do ADCT da Constituição da República Brasileira ). Os Parágrafos 2 e 3 do art. 5 da Constituição brasileira estabelece que as normas de direitos humanos provenientes dos tratados internacionais de direitos humanos são normas de direitos fundamentais.

Ao defender um tribunal internacional que detenha jurisdição e competência para decidir sobre os direitos humanos, não significa

---

55 CALDINI, Miguel Ángelo Ciuro. **El derecho y la humanidad en siglo XXI**. In: Congresso de Academias Iberoamericanas de Derecho - Academia Nacional de Derecho y Ciencias Sociales de Córdoba. Cordoba, Argentina: 1999, p. 915-919.

que o Estado brasileiro esteja abrindo mão de sua soberania. Ao contrário, por ser soberano, e em respeito aos comandos estabelecidos em seu documento constitucional, tal orientação torna-se um ato de mais pura e legítima soberania, demonstrando respeito ao compromisso fundamental. A instituição e o modo como esse tribunal poderá vir a configurar-se é outra questão, que dependerá do jogo político e diplomático, cujas discussões devem-se entabular, tendo por norte o princípio do equilíbrio e da reciprocidade entre os povos.

O fortalecimento da democracia nas relações internacionais apresenta-se como uma das alternativas para se obstaculizar uma desumanização generalizadora. Como queremos planejar o nosso horizonte evolutivo? O próprio conceito de evolução dependerá dos fatores condicionantes de cada realidade em concreto.

A humanidade encontra-se num momento de tomada de decisões de grande importância podendo aproveitar-se dessa magnífica oportunidade para implementar um novo projeto humanista. Nesse projeto de reconstrução de uma humanidade - que possa merecer a denominação de *humanidade* -, a grande importância dos direitos humanos e o estabelecimento de uma nova ética para a vida. Contudo, há que se atentar para as dificuldades em busca da proteção dos direitos do homem no contexto internacional. O assunto merece ser tratado com responsabilidade e clareza. CANÇADO TRINDADE, ao explanar sobre o tema da interação entre os instrumentos normativos internacionais e o direito interno na proteção dos direitos humanos, comenta que a incorporação das normas internacionais de proteção ao direito interno dos Estados constitui alta prioridade em nossos dias. A não recepção dessas normas poderá colocar em risco a própria proteção desses direitos no plano internacional.[56]

Defende CANÇADO TRINDADE a superação do antagonismo das posições monistas e dualistas que enfatizam a diferença entre direito internacional e direito interno. Esses dois campos, segundo o citado autor, podem e devem interagir de maneira harmônica, no tocante à matéria referente aos direitos humanos.

Convém ressaltar, no entanto, que a União Europeia vem construindo uma arquitetura jurídica inovadora. O novo contexto jurídico-político que se vem formulando no Velho Continente poderá ser percebido e assimilado como um modelo a ser seguido por outras regiões

---

56   CANÇADO TRINDADE, Antônio Augusto. *Op. Cit.*, 1997, p. 401 **et seq.**

do globo, futuramente. Ressalte-se, no entanto, que o futuro do projeto europeu ainda constitui uma incógnita para os próprios europeus.

Fora o contexto europeu, e em face da inexistência de um tribunal supranacional reconhecidamente competente para decidir em última instância sobre os direitos humanos, conforme propugnado pelo Brasil ( art. 7º do ADCT da CF de 88 ), deve-se proceder com as devidas cautelas no que se refere à interpretação e aplicação de determinadas cláusulas.

Conforme a situação em concreto e tendo em vista os princípios de justiça e do Estado democrático de direito, deve prevalecer a interpretação dada pelos tribunais nacionais, tendo em vista as diversas e diferentes visões acerca dos direitos humanos. O § 2º do artigo 5º da nossa Constituição Federal prescreve que *os direitos e garantias expressos no nosso texto constitucional não excluem outros decorrentes do regime e dos princípios por ela adotados, ou dos tratados em que a República Federativa do Brasil seja parte.* Vale dizer, no entanto, que, se os efeitos da aplicação de determinada norma, insculpida em determinado instrumento internacional, devem-se verificar em território nacional, a interpretação e aplicação necessariamente deve atrelar-se à jurisdição constitucional nacional. Vale ressaltar, porém, que essa posição não exime os Estados da responsabilidade pela observância dos direitos humanos.

Deve-se levar ainda em consideração o indicado em cada instrumento em específico, seja uma declaração, um tratado ou convenção. Lembra, no entanto, CANÇADO TRINDADE, com bastante propriedade, que a primazia é sempre da norma mais favorável à vítima, que melhor a proteja, seja ela norma de direito interno ou internacional. "É a solução expressamente consagrada em diversos tratados de direitos humanos, da maior relevância por suas implicações práticas."[57] Esse princípio coaduna-se com os princípios do Estado democrático e com o princípio da justiça. Todavia, a percepção daquilo que é melhor ou pior para uma determinada situação também dependerá de uma acurada interpretação.

---

57  CANÇADO TRINDADE, Antônio Augusto. *Op. Cit.*, 1997, p. 434.

## 1.4. O BLOCO DOS DIREITOS SUPERIORES COMO FUNDAMENTO DE UMA NOVA CULTURA HUMANISTA

No existencialismo político-constitucional brasileiro os direitos humanos e os direitos fundamentais são interdependentes e complementares na configuração paradigmática do Estado democrático de direito.[58] Os direitos fundamentais e os direitos humanos identificam-se, essencialmente, por suas características materiais, na medida em que se expressam como os direitos mais importantes do *indivíduo*.[59] A importância desses direitos deriva de sua relação com a dignidade da pessoa humana e da sua imprescindibilidade em um sistema democrático.

Não basta, porém, que o Estado inscreva tais direitos em sua Constituição e passe a se autodenominar democrático - todos os Estados em regime ditatorial se autodenominam democráticos -, sem as necessárias garantias dos citados direitos.

Partindo do suposto de que somente podemos vislumbrar esses direitos no plano democrático, entendemos que são pressupostos e consequências da democracia. Sendo assim, esses direitos devem ser compreendidos como fundamento da dignidade da pessoa humana, em sentido universal e, de outro modo, como fundamento de uma ordem jurídica específica que propugna pela paz social.

Esse "bloco de direitos" que condensa os *direitos fundamentais,* os *direitos humanos,* deve ser respeitado, não só pelo legislador ordinário, mas principalmente pelo poder constituinte de reforma, que não pode lançar mão de procedimentos de reforma que venha a desvirtuar esses direitos. Mesmo o poder constituinte originário, em busca de uma necessária legitimação, não pode prescindir, em sua orientação, desse bloco de direitos superiores, sob pena de ser declarado imoral, desqualificado e usurpador. No que se refere aos direitos fundamentais especificamente, estes reconhecem faculdades e pretensões efetivas, de modo que contêm prescrições obrigatórias para os poderes públicos, a título de direitos diretamente aplicáveis. Trata-se de normas

---

58    O Art. 5º, §§ 2º e 3º da CRFB permitiu essa interdependência e complementariedade.
59    Preferimos utilizar a expressão indivíduo a cidadão, na medida em que não entendemos como necessário a uma pessoa estar vinculada juridicamente a um determinado Estado para reivindicar os direitos fundamentais e os humanos. No caso em que a vida e a dignidade se encontram em debate, deve desaparecer a noção das linhas fictícias que separam os países. São direitos que transcendem as questões ligadas à própria cidadania. O importante é o homem em si.

cuja incompletude é evidente em virtude de sua condição principiológica. Essas dimensões principiológicas definem e explicitam valores. Também dessa incompletude depende a possibilidade da existência de um espaço público.

SOLOZÁBAL ECHAVARRÍA, da Universidade Autônoma de Madrid, ressaltando a importância das dimensões principiológicas das cláusulas constitucionais que se referem aos direitos fundamentais, destaca a jurisprudência do Tribunal Constitucional espanhol no desenvolvimento interpretativo delas, escrevendo que

> el *caráter abierto e incompleto de las cláusulas prescritivas realza la labor de desarrollo o interpretación de las mismas que, respectivamente, han de acometer, necesaria y subordinadamente, la ley y la doctrina del Tribunal Constitucional*[60].

No quadro do Estado constitucional democrático de direito, tendo em vista o pluralismo social e a multidimensionalidade do homem impõem-se novos procedimentos que se coadunem com o sentimento de justiça e paz social. Nesse contexto, as práticas políticas, sociais e econômicas devem observar os princípios norteadores que identificam aquele "bloco de direitos superiores" que conjuga direitos fundamentais, direitos do homem e direitos humanos. Não se trata aqui de pensar esse *bloco de direitos superiores* como criação de novos e mais direitos, ou a fusão dos mesmos, o que tocaria aquela velha discussão de que a partir da Declaração de 1948, somados aos direitos de segunda geração (dimensão) no plano do Estado do bem-estar, estar-se-ia por determinar a inflação dos direitos e, por consequência, pôr-se-ia em risco o próprio Direito. Ou ainda, que a "proliferação" de direitos estaria deturpando o preâmbulo da Declaração de 1948, onde se prescreve que *é essencial que os direitos do homem sejam protegidos por um regime de direito*.[61]

O Estado democrático de direito, além de promover o resguardo das liberdades individuais por intermédio de instrumentos jurídicos específicos, deve promover a autodeterminação democrática da sociedade.

---

60  SOLOZÁBAL ECHAVARRÍA, Juan José. **Los derechos fundamentales en la Constitución española de 1978**. In: **Derechos y Constitución**. Org. Rafael Flaquer Montequi. Madrid: Marcial Pons, 1999, p. 220.

61  Na terceira consideranda, das sete que compõem o Preâmbulo da DeclaraçãoUniversal dos Direitos do Homem, assim se acha redigido o citado preceito: "**Considerando** que é essencial que os direitos do homem sejam protegidos por um regime de direitos para que o homem não seja obrigado, como supremo recurso, à revolta contra a tirania e a opressão."

No paradigma do Estado democrático de direito ocorre a reaproximação entre sociedade civil e Estado, que continua sendo constitucional e de direito.

O *bloco dos direitos superiores* devem ser encarados, sobretudo, a partir de seu caráter principiológico, a fim de se colmatar e adaptar esses novos direitos, conforme as demandas que a todo momento surgem, como produto das necessidades humanas em sociedade. Nesse sentido não há que se falar em perigo para o Estado de direito e para a própria liberdade e autonomia da vontade, devido à "proliferação de direitos". Devemos pensar em um novo conceito para Homem, Sociedade e Estado e, sobretudo, para o próprio Direito.

Em importante trabalho intitulado *Constituição, Direito e Utopia*, PAULO FERREIRA DA CUNHA faz uma interessante reflexão sobre essas três expressões, indicando a carga utópica que preencheu e preenche as nossas esperanças no Direito e no próprio movimento do constitucionalismo.

Abordando os liames entre Iluminismo, Constituição e Utopia, o citado autor comenta que

> há momentos da história da humanidade particularmente propensos ao modo (e ao gênero) utópico. São, sobretudo, as épocas em que a consciência coletiva crê mais profundamente na capacidade humana de regeneração do mundo[62].

No entendimento entre legalismo utópico e utopismo legalista, FERREIRA DA CUNHA escreve que se as utopias podem-se manifestar sem a necessidade de muitas leis, frequentemente estas possuem aquelas por demais; sendo de outra parte também verdade que embora as leis muitas vezes se declarem sem elementos utópicos, têm elas na verdade grande dificuldade em afastar-se das utopias. Tal paradoxo não passa de um simulacro, na medida em que lei e utopia operam num mesmo sentido, de necessária relação.[63]

Postula o citado autor, no sentido de que não é a lei que gera o Direito, antes é o Direito que faz nascer a lei, na medida em que esta última descreve o Direito, concluindo que

---

62  CUNHA, Paulo Ferreira da. **Constituição, Direito e Utopia: do jurídico-constitucional nas utopias políticas.** Coimbra: Coimbra Editora, 1996, p. 251.
63  CUNHA, Paulo Ferreira da. *Op. Cit.*, 1996, p. 281.

os problemas constitucionais não são, nesta linha de pensamento, exclusivamente questões de Estado enquanto criador-destinatário de Direito, mas também do Estado e da sociedade como produtores ou descobridores de Direito[64].

Os instrumentos jurídicos, políticos e institucionais do Estado democrático de direito somente poderão funcionar adequadamente se houver a conscientização por parte da sociedade civil, cabendo a ela encampar a ação no sentido de que o postulado bloco de direitos superiores seja aplicado às múltiplas relações sociais, sejam elas entre indivíduos ou entre indivíduos e poder estatal.

Para a formulação de democracia legítima, faz-se necessário que não somente as liberdades civis, asseguradas pelo ordenamento jurídico vigente, mas também, e sobremaneira, os direitos humanos, enquanto realizados, sejam também protegidos e garantidos à *população*.

No aperfeiçoamento do Estado democrático de direito e, em sentido mais amplo, da própria democracia - concebida como direito -, deve-se provocar a transformação da sociedade através de instrumentos jurídicos processuais, exigindo-se o cumprimento dos direitos fundamentais e o respeito aos direitos humanos.

Na órbita do bloco dos direitos superiores, em perspectivas internacionalistas, a consideração do homem e não somente os Estados, como destinatários das normas internacionais.

Vislumbra-se uma grande oportunidade para a construção de uma nova cultura que possa disseminar entre os povos um novo humanismo; uma cultura jurídica que possa vencer no plano das instituições, as diversidades nacionais.

Um novo humanismo que busca a demarcação de uma nova época que possa informar as profundas transformações científicas e tecnológicas. Diante desse tempo histórico marcado por uma profunda crise de postulados teóricos com aguda ressonância na esfera econômica (crise do capitalismo mundial integrado), os direitos humanos como uma oportunidade para se promover o reencontro dos seres humanos com sua humanidade.

Na Razão tradicional estava intrínseca a violência de um saber que pretendia controlar objetos e pessoas, natureza e sociedade. Tudo isso se verifica como uma grande frustração, na medida em que não se

---

64   CUNHA, Paulo Ferreira da. *Op. Cit.*, 1996, p.285-287.

conseguiu a felicidade esperada. Essa Razão não conseguiu impedir as guerras, o fascismo, o nazismo e tão pouco o processo nefasto da globalização financeira, sobretudo no que se refere às condições de vida nos países mais pobres.

A estética do poder no mundo hodierno apresenta-se de maneira multifacetária, onde os *lobbies* da globalização financeira apresentam-se de maneira desmaterializada, alimentando-se dos simulacros criados pelas instâncias de produção de discursos que instrumentalizam a dominação. A própria questão dos direitos humanos é utilizada nesses discursos como um simulacro. São discursos que se utilizam da bandeira dos direitos humanos, contra os próprios direitos humanos. Propiciam miragens.

É desse universal desabamento, ocasionado pelos simulacros do poder global que uma nova cultura humanista deve surgir, tal qual aquele momento histórico que surgiu sobre os escombros do velho mundo.

Seja lá qual for a denominação que deem à nossa época presente, o fato é que vivemos o início de uma nova etapa; talvez um novo começo que possa nos animar a continuar vivendo. Uma nova história a partir da própria história que continua.

Apesar do entendimento de utopia ser o de coisa que não se realiza ou que não pode se realizar, esse entendimento parece fazer parte da condição humana, na medida em que as visões utópicas sempre conseguem imprimir uma fonte de alternativa em busca da autogestão combinado com a solidariedade. Os Direitos Humanos são a nossa ultima utopia, que nos permitirá escolhas conscientes.

# CAPÍTULO II

# A MORAL E SEUS SIGNIFICADOS

## 2.1. A MORAL E SEUS SIGNIFICADOS: ARGUMENTOS FILOSÓFICOS E JURÍDICOS

RENÉ SAVATIER, em sua clássica obra *Traité de la Responsabilité Civili En Droit Français*[65], examinando o dano moral e a sua reparabilidade, demonstra alguns aspectos importantes, principalmente a cerca dos prejuízos sofridos pelo indivíduo no tocante à sua honra e reputação.

Seja de uma injúria ou de uma difamação, de informações maldosas, de abusos cometidos por um escritor ou jornalista, o prejuízo moral deve ser reparado em dinheiro. SAVATIER dirá que um dano reparável em dinheiro também pode resultar de uma ruptura de noivado, de uma sedução, de procedimentos cujas consequências possam ocasionar o falimento de um comerciante, a exclusão abusiva de um sócio, dentre outras hipóteses. SAVATIER ressalta que o dano moral funda-se sobre um ato nocivo a reputação dos outros.

O atentado à integridade humana tem diversas consequências em seus desdobramentos, o que sustentará um determinado direito à indenização, pelos eventuais prejuízos sofridos, em decorrência da *dor moral* ou da *dor psíquica* sofrida pela vítima.

O dano moral importará em demanda contra o seu responsável, tanto pelos sofrimentos psíquicos, pelas enfermidades corporal e mental, mesmo que não tenha havido perda patrimonial ou pecuniária. Todavia, indaga-se: o que significa o dano moral sofrido por uma pessoa, quais as implicações psíquicas; ou ainda, como avaliar uma dor moral em suas amplas consequências no âmbito pessoal e seus reflexos na vivência coletiva? Quais são os pressupostos que possam sustentar ou determinar um conceito de moral no âmbito

---

[65] SAVATIER, René. **Traité de la responsabilité civili en droit français: civil, administratif, proffessionnel, procédural**. Tome II, Paris: Librarie Générale de droit et de jurisprudence, 1951, pp. 93 e ss.

de uma determinada sociedade? São questões que exigem a construção de um juízo racional de matriz jusfilosófica.

MARIA FRANCISCA CARNEIRO lembra que nada mais tortuoso na história do pensamento do que o conceito de moral, salientando ainda, que os estudos consagrados às relações entre o direito e a moral insistem, dentro de um espírito kantiano, naquilo que os distingue: o direito rege o comportamento exterior, a moral enfatiza a intenção, o direito estabelece uma correlação entre os direitos e as obrigações, a moral prescreve deveres que não dão origem a direitos subjetivos; o direito estabelece obrigações sancionadas pelo poder, a moral escapa às sanções organizadas.[66]

Todavia a moral ergue-se como um valor cultural, assimilada pela sociedade ou agrupamento humano, e, como tal, é protegida em suas várias expressões pelo próprio direito, demonstrando que o direito é, em maior ou menor grau, a positivação dos valores morais, ou ainda, conforme escreve MARIA FRANCISCA CARNEIRO:

> Isto quer dizer que se o direito se refere à moral de um determinado modo, é porque ele é paradigmático da cultura em que é proferido; e todas as variações, contestações, e alternativas de pensamento moral tomarão como referência, provavelmente, esse vetor que o direito expressa. Todas as outras concepções filosóficas da moral girarão em torno da formulação jurídica - seja para refutá-la ou consagrá-la -, até porque *aí reside a fala do poder*, que deve ser enfrentado, seja pelo acatamento, pela submissão ou por quaisquer outros processos sociais, por exemplo, a acomodação, a assimilação, o conflito etc[67].

CRÍTON, no diálogo que travou com SÓCRATES, em torno da condenação e preparativos para a execução do filósofo, atentava para o perigo que representava a opinião da multidão, que seria capaz *de fazer os menores males como também os maiores àqueles acerca dos quais foi enganada por calúnias*.[68] Como se sabe, Sócrates foi condenado à morte sob a acusação de corromper a mocidade e de desconhecer os deuses da cidade, pelos seus detratores. Sócrates é executado por ter supostamente infringido a *moral* preestabelecida.

---

66  CARNEIRO, Maria Francisca, *Op. Cit.*, 1998, pp. 118-119.
67  Idem, 1998, p. 119.
68  PLATÃO. **Críton ou do dever.** in: "Coleção Os Pensadores", São Paulo: Nova Cultura, 1996, p. 103.

O exemplo é importante no contexto que ora debatemos, visto que a integridade de uma pessoa pode sofrer consequências gravíssimas, quando o seu nome é caluniado ou difamado e assimilado pela opinião pública. Na *Ética a Nicômaco*, Livro II, ARISTÓTELES ocupou-se da *excelência moral*, dizendo que é a partir da *excelência moral* ou da sua *deficiência* é que somos chamados de bons ou maus. Pelos mesmos motivos é que somos louvados ou censurados. A moral, em ARISTÓTELES é antes de tudo uma disposição. A *excelência moral* do homem será a disposição que faz dele um homem bom. A *excelência moral* encontra-se no meio de dois extremos, visando às situações intermediárias tanto nas emoções e nas ações. Assim a moral não é algo fácil de ser alcançado, é algo raro, louvável e nobre.[69]

No Livro X da *Ética a Nicômaco*, ARISTÓTELES dirá que "as pessoas em sua maioria não obedecem naturalmente ao sentimento de honra, mas somente ao do temor, e não se abstêm da prática de más ações por causa da baixeza desta, mas por temer a punição."[70]

ARISTÓTELES encontrará na lei uma forma de coibir as más ações, fazendo com que as pessoas alcancem a *excelência moral*. "A lei" escreve o estagirita,

> tem este poder de compulsão, e ela é ao mesmo tempo uma norma oriunda de uma espécie de discernimento e de razão. E enquanto as pessoas odeiam quem se opõem aos seus impulsos, mesmo se a oposição é justa, a lei em sua injunção do que é bom não é opressiva[71].

Extraí-se do pensamento aristotélico a importância da moral para o homem quando avaliada no contexto social. A moral torna-se um bem a ser protegido, por ser um bem nobre, somente cultivada por aquelas pessoas reconhecidamente por boas. Daí a importância da lei como uma forma de *convivência ética* entre as pessoas e no fomento à moral dos cidadãos, desvelando *a moral como um compromisso*[72], entre os cidadãos.

Tanto no exemplo da condenação do filósofo Sócrates e nos argumentos aristotélicos em torno da relação entre moral e lei, vislumbramos

---

69    ARISTÓTELES. **Ética a Nikômaco**. In: "Coleção Os Pensadores", São Paulo: Nova Cultura, 1996, pp. 137 e ss.
70    ARISTÓTELES. *Op. Cit.*, 1996, p. 315.
71    ARISTÓTELES. *Op. Cit.*, 1996, p. 317.
72    CARNEIRO, Maria Francisca, *Op. Cit.*, 1998, p. 119.

a necessidade de um órgão competente e qualificado para dizer o direito que faz a condensação e a síntese da representação jurídica da moral; o que não impede a existência de variações individuais ou em segmentos sociais menores a respeito da moral, enquanto regras autônomas de consciência.[73]

A moral está ligada aos valores, e *valor*, já dizia GARCIA MORENTE, *não são, mas valem.*[74] No mundo da cultura procedemos de acordo com padrões preestabelecidos, dotados de um significado social. Assim, quando transgredimos ou atendemos aos padrões socialmente estabelecidos, somos avaliados como procedimentos *bons* ou *maus.*[75]

Numa definição ampla, a moral vem a significar um conjunto das regras de condutas admitidas em um determinado espaço e tempo históricos, por determinados agrupamentos humanos. "Nesse sentido, o *homem moral* é aquele que age bem ou mal na medida em que acata ou transgride as regras do grupo".[76]

O grande problema que se estabelece, então, é o de saber definir o que é bem e o que é mal. É a partir dessas respostas que nós vamos poder identificar o conjunto de regras morais vigentes em determinada sociedade, sabendo desde já que as mesmas variam no tempo e no espaço, conforme venha a se convencionar, ou seja, uma *moral instituída.*[77]

O comportamento moral variará de acordo com a época histórica, ou seja, a moral cavalheiresca medieval exaltava a lealdade e a fidelidade, perante a nobreza, ressaltando a superioridade dessa classe social. Em contrapartida, o trabalho era desvalorizado, ficando a cargo dos servos. Tal situação se altera com o advento da burguesia, onde o trabalho passa a ser valorizado. Com efeito, a moral burguesa estava diametralmente oposta a moral dos nobres, que valorizavam a ociosidade.[78]

Não obstante à moral estabelecida, o indivíduo necessita aceitá-la como tal, assimilar as normas, internalizando-as.

> Portanto, o homem, que é herdeiro, é criador de cultura, e só terá vida autenticamente moral se, diante da *moral constituída*, for capaz de propor a *moral constituinte,* aquela que é feita dolorosamente por meio das experiências vividas[79].

---

73  CARNEIRO, Maria Francisca. *Op. Cit.*, 1998, p. 119.
74  MORENTE, Garcia M.**Fundamentos de filosofia; lições preliminares**, p. 296.
75  ARANHA, Maria Lúcia de Arruda & MARTINS, Maria Helena. **Filosofando: introdução à filosofia.** 2.ed. São Paulo: Moderna, 1993. p. 273.
76  **Ibidem**, 1993, p. 274.
77  **Ibidem**, 1993, pp. 274-275.
78  **Ibidem**, 1993, p. 275.
79  **Ibidem**, 1993, p. 275.

Verifica-se, desse modo, uma moral social pública, e outra pessoal, tocante à intimidade da pessoa, que se relacionam dialeticamente. GIANOTTI, à respeito da moral pública e da moral privada, diz que existem várias morais, vários sistemas éticos, muitas vezes conflitante entre si, concedendo-nos o seguinte exemplo de conflito moral:

> Quando Brutus matou César, agiu ele moralmente? [...] Uns consideraram que Brutus agiu bem, pois atuou em função dos valores supremos de liberdade vigentes na República romana; outros, pelo contrário, que agiu mal, na medida em que foi ingrato com o seu pai adotivo. O que podemos dizer a esse respeito? Muito, se levarmos em conta a moralidade pública de Roma; nada, se lembrarmos de que a relação de intimidade entre ambos constitui uma esfera da qual não temos notícia. Pois Brutus teria agido bem se o próprio César lhe tivesse ensinado que mais vale a moralidade pública do que a cumplicidade entre os dois, e teria agido mal se ambos prensassem, sobretudo, a confiança mútua. A nós cabe apenas suspender o juízo, não só porque a matéria é controversa, mas ainda porque o respeito que possamos ter pelas duas personagens nos obriga a calar.[80]

GIANOTTI toca numa questão muito importante que é justamente a formação do juízo moral, salientando que é sempre possível formar um juízo moral. No entanto, em virtude da diversidade de critérios de moralidade,

> para que possam ser enunciados e aceitos publicamente, os juízos morais requerem que os enunciadores tenham credibilidade, a experiência do acerto e de lidar com essas questões. Um juízo moral pronunciado pelo imoralista não tem valor algum.[81]

Com efeito, ao criticarmos as atitudes alheias, estamos colocando em jogo, também, a moral alheia, que uma vez abalada, pode vir a perder a credibilidade perante a opinião pública, podendo ocasionar prejuízos morais.

Destaca ainda o citado autor, a importância dos direitos humanos na elaboração de um determinado juízo de moralidade. O respeito aos direitos humanos fundamentais cria a possibilidade de uma moral universal. Esclarecendo ainda, que a moralidade pública consiste numa esfera onde todos os seres humanos participam, na medida em que o sistema moral precisa ser confrontado por todos, e conclui:

---

80 GIANOTTI, José Arthur. **Moralidade pública e moralidade privada**. In: Ética. Org. Adauto Novais, São Paulo: Companhia Das Letras, 1992, p. 242.
81 GIANOTTI, José Arthur. *Op. Cit.*, 1992, p. 244.

Segue-se a necessidade de que todos os seres humanos sejam incluídos no seu âmbito. Sob este aspecto é uma moral cosmopolita, estabelecendo regras de convivência e direitos que asseguram que os homens possam ser morais. É neste sentido que os direitos do homem, tais como em geral têm sido enunciados a partir do século XVIII, estipulam condições mínimas do exercício da moralidade. Por certo, cada um não deixará de aferrar-se à moral; deve, entretanto, aprender a conviver com outras, reconhecer a unilateralidade do seu ponto de vista. E com isto está obedecendo à sua própria moral de uma maneira especialíssima, tomando os imperativos categóricos dela como um momento particular do exercício humano de julgar moralmente. Desse modo, a moral do bandido e a do ladrão tornam-se repreensíveis do ponto de vista da moralidade pública, pois violam o princípio da tolerância e atingem direitos humanos fundamentais. [82]

GIANOTTI toca em uma questão fundamental que é a difícil questão dos direitos humanos. Entendemos que toda moral deva passar pelo respeito aos direitos humanos, que envolve centralmente o respeito à dignidade da pessoa humana em seus amplos aspectos. Um governo ineficiente e que não viabiliza políticas públicas, no sentido de garantir direitos tais como educação, segurança e saúde, certamente, no tocante à moralidade pública, pode ser compreendido pelo povo como um governante imoral, na medida em que sonega direitos fundamentais básicos, necessários, até mesmo, na construção da moral individual. Podemos compreender tal sonegação, uma imoralidade, tanto no sentido *factual* - atos que se realizam ou omissão -, tanto como *normativa* - normas e imperativos que enunciam o *dever ser*.

No tocante à moral individual, perante a moral pública vigente, a intimidade, a honra, o valor de uma pessoa perante a sua comunidade tornam-se fatores de vital importância. Dizemos que determinada pessoa deve ser honrada porque é uma pessoa que procede moralmente. Assim, a honra torna-se um elemento característico da personalidade individual.

No capítulo X da obra o *Leviatã*, HOBBES examina as questões relacionadas ao poder, valor, dignidade, honra e merecimento.[83] Conforme o entendimento de HOBBES a manifestação do *valor* que mutuamente nos atribuímos é o que vulgarmente se chama de *honra*

---

82 GIANOTTI, José Arthur. *Op. Cit.*, 1992, pp. 244-245
83 HOBBES.**O Leviatã**.in:"Coleção Os Pensadores" São Paulo: Nova Cultura,1997, pp. 83 e ss.

e *desonra*. De maneira que ao atribuirmos a um homem um alto valor é *honrá-lo*, ao passo que ao atribuirmos um baixo valor é *desonrá-lo*. Neste caso, segundo HOBBES, a definição de alto e baixo deve ser entendida em comparação com o valor que cada homem atribui a si próprio.[84] Contudo, HOBBES afirma que o *valor* de um homem, tal como o de todas as coisas, é o seu preço, mas apesar da hipótese de um homem vir a atribuir a si mesmo o valor mais alto possível, seu verdadeiro valor não será superior ao que lhe for atribuído pelos outros.[85]

Quanto ao *merecimento*, este se difere da *honra* e do *valor*, e também do seu mérito. Este consiste, segundo HOBBES, num poder ou habilidade especial para aquilo que se diz que ele é merecedor, habilidade particular que geralmente é chamada adequação ou *aptidão*.[86]

Apesar de HOBBES consignar todos estes elementos ao poder e seu exercício, nota-se que o *valor*, a *honra* e o *merecimento* de um homem são coisas preciosas, na medida em que, sem os mesmos, dificilmente um homem conseguiria uma determinada localização no contexto social. Em assim sendo, os homens devem persegui-los, porque um homem, a quem se atribuí *valor*, será consequentemente, também, um homem honrado.

Em KANT, a questão da moral tem grande importância na formulação de uma ética de convivência social. A filosofia Kantiana baseia-se na concepção dos homens como seres morais, devendo os mesmos se organizar segundo as normas do Direito, tendo por pedra de toque de toda a sua argumentação filosófica os *imperativos categóricos*.

Em KANT, a norma moral tem a forma de um imperativo categórico, cujo comando consiste em assinalar a relação entre um *dever ser*, ou seja, a necessidade objetiva do comando categórico faz referência a que o dever moral vale para todos os homens enquanto *seres racionais*. A conduta moral está vinculada a uma norma universal, ou ao imperativo categórico de que devemos sempre agir em conformidade com o princípio objetivo, tal que, para você, ele deva ao mesmo tempo transformar-se em lei universal.[87]

A *liberdade* em KANT é a *liberdade de agir segundo leis*. Toda e qualquer lei impõe deveres; mas o cumprimento desses deveres poderá ou não ser exigidos coativamente. No primeiro caso, trata-se de leis morais; no segundo de normas jurídicas. No tocante aos deveres

---

84 HOBBES. *Op. Cit.*, 1997, p. 84.
85 HOBBES. *Op. Cit.*, 1997, p. 84.
86 HOBBES. *Op. Cit.*, 1997, p. 84.
87 WEFORT, Francisco. **Os Clássicos da política**. 3. ed., 2. Vol., São Paulo: Ática, 1991, pp. 50 e ss.

morais, os homens são responsáveis perante a si mesmos. Na esfera jurídica, são responsáveis perante os demais. Essas reflexões trazem à tona as questões que envolvem as relações interpessoais, ou a sociabilidade. A liberdade jurídica consiste, então, em KANT, em não ser impedido externamente de exercer seu próprio arbítrio.[88] Mas em quais aspectos essas contribuições, acima expostas, afetam as preocupações do presente estudo? Em que medida o imperativo categórico kantiano toca às esferas da reparabilidade do dano moral?

Nota-se, a partir dos fragmentos acima traçados, que a moral e a ética tornam-se necessários, na medida em que o homem convive com outros homens em sociedade, devendo suas atitudes e desejos guiar-se por aquilo que é estabelecido como moral e ético, em determinado contexto histórico. De maneira que para aqueles que sentenciaram a pena capital para o filósofo Sócrates, compreenderam que as atitudes quotidianas do filósofo, eram atos de imoralidade diante do contexto social, cuja opinião fundou-se sobre determinados elementos que regulavam a convivência moral-social naquele dado momento histórico.

A execução de Sócrates pode ter sido injusta e imoral aos olhos de hoje, contudo foi perfeitamente justificado sob o ponto de vista legítimo, na medida em que seu julgamento fora fundamentado na lei, vigente à época e o mínimo ético aponta para o respeito às leis estabelecidas. Nesse sentido aflora-se um paradoxo em torno da própria moral.

Mas o que é moral? Como poderemos compreender as várias definições e o grau de importância, concedidos à honra e à moral de uma pessoa no mundo contemporâneo?

Apesar das dificuldades de mensurar essas categorias tão humanas, sabemos que os mesmos atendem a certos significados. A proteção legal das dimensões da personalidade, do respeito à honra, da moral e da vida da pessoa humana, atendem, justamente a estes significados. São valores que informam o princípio da dignidade.

Todos esses aspectos envolvem, conforme já salientado, uma convivência social ética, sem a qual não haveria possibilidade de se estabelecer uma convivência pacífica entre os homens em sociedade.

ROUANET examinando algumas questões em torno da *Moral Iluminista*,[89] propõe ao final um *iluminismo moderno*. Segundo o cita-

---

88 WEFORT, Francisco. *Op. Cit.*, 1991, pp. 53 e ss.
89 ROUANET, Sergio Paulo. **Dilemas da moral iluminista.** in: Ética. Org. Adalto novais. São Paulo: Companhia das Letras, 1992, pp. 149 e ss.

do autor, a moral no pensamento da *ilustração*[90] assumia três características básicas: o *cognitivismo*, o *individualismo* e o *universalismo*.[91] ROUANET identifica como *cognitivismo* a característica, cuja atitude intelectual postulava a possibilidade de uma ética capaz de prescindir da religião revelada, ou seja, a razão como caminho eficaz para descobrir os fundamentos do comportamento moral e da norma ética. Traz à lembrança Bayle, filósofo anterior à ilustração, que suscitava que *uma sociedade de ateus pode ser mais ética que uma sociedade baseada na religião.*[92] Na busca de uma justificativa para a dissociação entre moral e religião, a ilustração apoiou-se em três fundamentos, conforme identifica ROUANET:

> Primeiro a jusnaturalista. A moral podia ser fundada a partir da conformidade do comportamento humano com a lei da natureza. Rousseau dizia que a natureza gravou em nossos corações os critérios que permitem julgar soberanamente quanto ao bem e ao mal, o justo e o injusto. O fundamento último, portanto, era uma razão natural, uma natureza universal, igual em todas latitudes, comum em todos os homens.
> A segunda resposta foi empirista. [...] diziam eles que o homem é um animal organizado, sujeito a paixões e que se relaciona com o mundo exterior basicamente através das sensações. O fundamento da moral seriam as sensações do prazer e do desprazer, do agradável e do desagradável. O homem naturalmente é movido pelo desejo de buscar o prazer e de evitar o desprazer, e nisso consiste o seu interesse. É esse o fundamento da moral, um fundamento leigo, puramente imanentista.
> E, finalmente, a terceira resposta diz que a norma se fundamenta na conformidade da própria razão. Foi a resposta de Kant. Para ele, a moralidade não se funda nem na natureza nem nas sensações, mas na razão. [...] É o famoso imperativo categórico, procedimento pelo qual o indivíduo testa a máxima de suas ações para saber em que medida ela

---

90  O termo **ilustração** é utilizado para designar um conjunto de ideias, entre os séculoXVI e XVIII, que buscavam imprimir novos valores para guiar a vida social, empenho nas pesquisas e o saber para a conquista de avanços técnicos e melhores condições de vida. A ilustração é apontada como sendo essencialmente pragmática e liberal, na medida em que a burguesia buscava instaurar uma nova ordem econômica, política e social, com maior participação no poder ( Cf. COSTA. Maria Cristina Castilho. **Sociologia: introdução à ciência da sociedade.** 1.ed. São Paulo: Moderna, 1987, pp.27-28 ).
91  ROUANET, Sergio Paulo. *Op. Cit*, 1992, p. 149.
92  ROUANET, Sergio Paulo. *Op. Cit*, 1992, pp. 149-150.

é generalizável. Se essa máxima for generalizável, se for suscetível de ser querida por todos, sem contradição interna poderia aspirar ao estatuto de lei moral universal.[93]

Ao tratar da segunda característica que marcou a filosofia ética da ilustração, o *individualismo*, ROUANET argumenta que a ética da ilustração era *hedonista*, na medida em que se preocupava, sobretudo, com a felicidade do indivíduo, com sua autorrealização. O indivíduo deveria se realizar e buscar os meios para ser feliz. "Essa ética da felicidade seria impensável, por exemplo, numa perspectiva comunitária, em que o bem comum prevalecia sobre a auto realização individual."[94] Daí o descentramento do indivíduo com relação às normas incorporadas em sua comunidade. Como átomo isolado o indivíduo poderia criticar as regras, sob as quais estava submetido, ou seja, "Não era a comunidade que detinha os critérios que permitiam julgar o bem e o mal; era o indivíduo, enquanto ser humano universal."[95]

A terceira característica significativa da moral no pensamento da ilustração, analisada por ROUANET, o *universalismo*, cuja concepção do homem ligava-se a uma natureza universal do mesmo. Os princípios morais também se fundamentariam nessa pretensa universalidade. "Os três princípios validadores do comportamento moral - o direito natural, o empirismo e a conformidade com a própria razão - eram considerados universais."[96]

Da análise do período iluminista e do pensamento ético e moral da ilustração, ROUANET procura situar a moral contemporânea, do século XX, do nosso conturbado tempo história, cuja realidade apresenta-se fragmentada e multifacetada, um mundo distante daquele do pensamento moral iluminista:

> Vivemos num mundo onde não existe nenhuma fé na possibilidade de fundar subjetivamente a escolha moral. Vivemos num mundo que desconfia do eudemonismo da ilustração e que não admite a possibilidade de descentramento do indivíduo com relação a sua comunidade. E vivemos numa época dominada cada vez mais pelos diversos particularismos, que negam a existência de verdades universais ou de uma moralidade universal. [97]

---

93 **Idem**. *Op. Cit.*, 1992, pp.150-151.
94 **Ibidem**, 1992, p. 151.
95 **Ibidem**. 1992, p. 151.
96 **Ibidem**. 1992, p. 152.
97 **Ibidem**. 1992, p. 153.

ROUANET considera o século XX, de um modo geral, anticognitivista, onde se nega a possibilidade de fundamento para o comportamento moral, uma vez que as proposições normativas da ética inexistem, ou simplesmente, são insignificantes. Não há como fundamentar o julgamento moral à luz da razão.

> Esta só pode julgar a melhor correlação possível entre meios e fins, mas tais fins são fixados por critérios extrarracionais, ditados seja pelo interesse pessoal, seja pela utilidade social, seja por razões inconscientes. A razão como tal não pode julgar esses fins[98].

Mas então como resolver esse impasse em tempos sombrio? Fundamentado na *ação comunicativa* de Habermas e Apel, proporá uma ética do tipo discursiva, como ponto de partida para a formulação de um novo iluminismo, e, consequentemente uma nova moral que nasça das relações sociais espontâneas, intersubjetiva. Argumenta ROUANET, que as relações sociais que se dão no mundo vivido assumem, caracteristicamente, a forma da *ação comunicativa*, ou seja, "um processo interativo, linguisticamente mediatizado, pelo qual os indivíduos coordenam seus projetos de ação e organizam suas ligações recíprocas."[99] No *agir comunicativo*, o resgate daquelas três características da ética no pensamento filosófico da ilustração: o *cognitivismo*, o *individualismo* e o *universalismo*, em outras bases.

Se no âmbito da cognição, a comunicação normal, invoca sempre, implicitamente, pretensões de validade, entrelaçando-se as pretensões de verdade, de justiça e de veracidade; na perspectiva da *ética discursiva*, segundo ROUANET, as pretensões normativas sempre serão suscetíveis de serem falsas ou verdadeiras, devendo então buscar-se fundamentos no princípio da universalização, onde

> todas as normas válidas precisam atender à condição de que as consequências e efeitos colaterais que presumivelmente resultarão da observância geral dessa norma para a satisfação dos interesses de cada indivíduo possam ser aceitas não coercitivamente por todos os envolvidos[100].

---

98  **Ibidem.** 1992, p. 154.
99  **Ibidem.** 1992. p. 157.
100 **Ibidem.** 1992. p. 158.

A preocupação de ROUANET é a partir dos princípios da ética discursiva tentar resgatar as linhas básicas do pensamento moral da Ilustração e torná-la plausíveis para a construção de uma ética iluminista contemporânea. Dai a reavaliação das suas três características. Quanto ao individualismo, na ética discursiva, ROUANET, assim se posiciona:

> E o individualismo? A ética discursiva é uma teoria não individualista, porque ela se baseia na hipótese de um mundo vivido linguisticamente compartilhado. Não obstante, consegue salvar os dois principais temas do individualismo ético da ilustração: o direito à felicidade e o descentramento.
> O indivíduo só existe em interação, mas essa interação pressupõe o reconhecimento da dignidade e integridade de cada participante. O homem tem direitos como indivíduo, que não podem ser cancelados pelos direitos da comunidade. Entre esses direitos do homem como indivíduo, e não apenas como membro da comunidade, está o direito à autorrealização, segundo o seu próprio estilo e sua própria concepção de felicidade[101].

Quanto ao aspecto do universalismo, a ética discursiva assume, segundo ROUANET, os mesmos aspectos do universalismo da Ilustração, ou seja, "a concepção de uma natureza humana universal, de um princípio universal de validação e de certas normas substantivas universais," concluindo:

> A mera ideia de comunicação já aponta para o valor do entendimento mútuo e para a norma da não violência. Cada pretensão de validade remete a um valor: a vinculada às proposições factuais remete à verdade, a vinculada às proposições prescritivas remete à justiça, à vinculada às proposições subjetivas remete à veracidade. Os pressupostos pragmáticos do discurso são férteis em normas e valores. O pressuposto de que todo indivíduo têm direitos idênticos de apresentar e refutar argumentos remete à ideia da igualdade; o pressuposto de que nenhum indivíduo deve ser coagido remete à ideia de liberdade; o pressuposto de que nenhum indivíduo deve ser excluído remete à ideia da não discriminação. Em suma, há elementos de uma ética material incrustados nas estruturas formais da interação e do discurso, e, como essas estruturas são universais, aquela ética também é universal.[102]

---

101 **Ibidem**. 1992, p. 160
102 **Ibidem**, 1992, p. 161.

Aos pressupostos acima transcritos, principalmente àqueles atinentes à *liberdade*, à *igualdade* e *não discriminação* tornam-se fundamentos bastantes para uma elaboração teórica sobre os significados da moral e as consequências em virtude de sua agressão.

A partir da verificação de uma moral, vigente no contexto social, a busca de elementos formais no resguardo da moral individual, àquela inerente a cada indivíduo, dotado de personalidade.

Na busca de sua autorrealização o homem estabelece uma dimensão moral na qual se referencia na vivência das suas relações sociais intersubjetivas. Ao estabelecer certo senso de moralidade, que seguramente advém do consenso social, procura imprimi-lo nos seus discursos de justificação das suas condutas. Ocorre que nem sempre há o respeito aos limites morais, na medida em que cada indivíduo é livre para praticar atos, inclusive, aqueles moral e legalmente reprováveis. Determinados procedimentos podem vir a causar o aviltamento à moral individual ou até mesmo coletiva. Em decorrência dessa humilhação, o dano.

A moral, assim posta, é vista como fundamento da integridade humana, sem a qual o indivíduo fica impossibilitado a autorrealização e de ser feliz. Valores que se integram aos direitos da personalidade. O rebaixamento da conduta moral ocasionará uma dificuldade, uma dor, conforme SAVATIER, que somente pode ser compreendida nas dimensões do espírito humano, isto é, imaterial, abstrata. O dano é o resultado de um ataque naquilo que justamente identifica a pessoa como tal, ou seja, sua personalidade.

A exclusão abusiva de um candidato a uma vaga de emprego, por exemplo, por motivos ligados a posicionamentos discriminatórios, ofenderia um dos pressupostos fundamentais da moral, encarada universalmente, a de que nenhum indivíduo deve ser excluído, o que por sua vez colocaria em evidência o desrespeito aos direitos humanos, base fundamental de qualquer sistema ético e moral, no mundo contemporâneo.

Resta saber, então, a moral no âmbito da Jurisprudência, entendida aqui como Ciência do Direito. Quais seriam as justificativas jurídicas para a reparabilidade, na hipótese de alguém vir a ser, aviltado em sua moral, desonrado? O que vem a ser a *moral* para o Direito?

As legislações, em geral, têm consignado a admissibilidade do ressarcimento a esses prejuízos, mostrando-se, porém um entrave a aplicação judicial. EDUARDO ESPÍNULA FILHO, afirmava que dentre os árduos e complexos problemas, que, com profusão extraordinária, a ciência jurídica focaliza, apresentaram-se, destacados, os da responsabilidade civil de quem a outrem causa um dano puramente moral.[103]

A complexidade advém dos próprios contornos do que se entende por moral, conceito abstrato, de difícil reparação exata, quando aviltada. Mas a complexidade maior encontra-se em determinar uma quantia em dinheiro, a fim de sanar o mal sofrido, a dor moral ou psíquica. Dessa complexidade surgem preocupações, como por exemplo, de se estar fomentando uma indústria indenizatória, o que seria, paradoxalmente, imoral.

Todavia, não se vislumbra outra forma de reparação, que não seja a indenização pecuniária. EDUARDO ESPÍNULA FILHO, no tocante a esta questão, assim se manifestou:

> Mais justo é reconhecer clara, franca e sinceramente, que o dano moral deve ser objeto de uma compensação, em dinheiro, quando não for possível repor as coisas no estado primitivo, com ampla e perfeita reparação, e, então, se trata de uma imposição, afetando o patrimônio do agressor, para a punição de uma ofensa, que não desaparece, porque houve o pagamento, proporcionando, porém, à vítima um alívio, em grande parte moral, pela segurança de que também o ofensor foi atingido, acarretando as consequências de seu ato ilícito. [104]

FISCHER, professor de Direito da Universidade de Jena, na sua obra *A Reparação dos Danos no Direito Civil*, examinando o dano moral, dizia que as coisas passam de modo muito diferente com os danos não patrimoniais, entre os quais se contam os mais heterogêneos prejuízos que apresentam unicamente de comum a característica negativa que a sua qualificação indica: a de não serem patrimoniais.

Binding, para quem o dano moral significava os danos irreparáveis às lesões sofridas na honra, FISCHER sustentou que mesmo quando suscetíveis de reparação, levantam sempre um problema particular, alheio à outra categoria de danos, qual o de saber se a ordem jurídica prescreve o dever de reparar ou se especiais considerações de política legislativa não terão feito aparecer como mais adequado, na hipótese, o recurso à outra forma de proteção jurídica dos bens imateriais.[105]

---

103 FILHO, Eduardo Espínula. **O dano Moral em face da responsabilidade civil.** prefácio à obra de BRASIL, Ávio. **O dano moral no direito brasileiro.** Rio de Janeiro: Livraria Jacinto Editora, 1944, p. 11.
104 FILHO, Eduardo Espínula. in: prefácio...*Op. Cit.*, 1944, pp. 16-17.
105 FISCHER, Hans Albrecht. **A reparação dos danos no direito civil.** São Paulo: livraria Acadêmica Saraiva & C.ª - Editores, 1938, pp. 229 e ss.

No tocante a reparabilidade do prejuízo moral, FISCHER, se posiciona no sentido de que a indenização deve ser sempre em dinheiro. Sustenta que pela sua extensão, estes, <<danos morais>> distingue-se em *transitórios* - dores e quaisquer perturbações suscetíveis de cura - e *permanentes*: perda de um membro ou sentido, como por exemplo, a vista, perda da capacidade procriadora, desequilíbrio permanente da saúde etc.[106]

FISCHER referiu-se ainda, entre os prejuízos não patrimoniais, a lesão da capacidade intelectual e do equilíbrio do espírito, que podem produzir-se como danos independentes ou como efeito doutra lesão corporal. Em outros grupos, segundo o citado autor, figuram o desgosto e a dor causados por um ato de sedução ou por injúria reais, originando também, desta índole, os vexames sofridos pelos indivíduos na sua honra em consequência de meras injúrias verbais, embora nem sempre a honra resulte na realidade ofendida. Nesta última hipótese, o dano moral, segundo FISCHER, consiste no estado de intranquilidade e preocupação causadas tal como sucede nos atentados contra a liberdade.

No tocante a avaliação, nas hipóteses de prejuízo, fundamentado em Kohler, FISCHER sustenta que "a nenhum ser humano é dado conhecer ou avaliar com segurança, no seu caráter e extensão, a dor ou a angústia que *eu próprio* experimento ou o sentimento de vergonha e pudor que em *mim* desperta certo ato."[107] Não obstante a impossibilidade de se auferir com exatidão a extensão do dano moral, os juízes são provocados a "pronunciarem-se, a decidir sobre estas lesões de caráter eminentemente pessoal, para sua reparação devendo estabelecer - quando for caso disso - a indenização em dinheiro que tiver por justiça."[108]

Diante do acima exposto verifica-se que a honra e a reputação de uma pessoa constituem elementos de distinção entre os indivíduos que compõem dada sociedade ou agrupamento humano. Tais elementos fundam-se em conteúdos éticos e morais, atribuídos por um determinado sistema de normas preestabelecidas.

Várias são as implicações quando alguém é atingido em sua honra ou intimidade moral. Conforme lembra WILSON MELLO DA SILVA: "ficamos tristes e, por isso, choramos."[109] Logo, choramos, e ficamos tristes, devido alguma dor, seja ela física, espiritual ou psíquica.

---

106   Idem, 1938, p. 259.
107   **Ibidem**, 1938, p. 263.
108   **Ibidem**, 1938, p. 263.
109   SILVA, Wilson Melo da. *Op. Cit.*, 1955, p. 219.

As dores sofridas pelo indivíduo, quando sua moral é ofendida, a partir de atos ou juízos que também pretendem serem morais ganham dimensões públicas, quando a opinião pública é induzida a formular um juízo sobre determinado cidadão, como sendo o mesmo bom ou mal.

Dessa qualificação, orientada pelo juízo moral público, decorrem os danos, as dores, os prejuízos imateriais, que em todo caso devem ser indenizados.

Os direitos humanos fundamentais sempre devem ser colocados em perspectiva na formulação de um juízo moral. Tanto no aspecto filosófico como jurídico, vislumbra-se o respeito à dignidade e integridade da pessoa humana, estando a moral subordinada a estas duas dimensões. Ou ainda como bem observou ÁVIO BRASIL:

> Minuciemos: *Moral*, em Direito, seja qual for o sentido que se queira atribuir, encerram matéria que se não pode desligar das concepções filosóficas. Está, pois, na ordem da Filosofia. E em Filosofia, a *Moral*, quer encarada nas observações metafísicas de Kant, quer através do naturalismo ou do organicicismo de Darwin ou Spenser, quer vislumbrada pelo racionalismo cartesiano de Descart, Malebranche, Spinosa, pelo neocriticismo de Renouvier, ou por qualquer escola ou sistema, ela tem, mesmo aceitando o método racional do *que é*, do que *deve ser*, do que *pode ser* ou *será*, uma única tendência, qual seja no sentido rigorosamente ideal. deste modo, convertendo para a doutrina jurídica, uma vez que o Direito não se pode divorciar da Filosofia, temos que o *dano moral* tem significação idêntica a *dano ideal*. nessa hipótese é que encontramos incoerência em desejar-se que o dano moral, para tornar-se ressarcível, precisa ser encontrado, de pronto, o seu valor objetivo. Não podemos separar o Direito da Filosofia[110].

Todos esses aspectos, filosóficos e jurídicos mencionados, são importantes antes de adentrar-se, mais especificamente, na matéria em debate, na medida em que nos fornecem elementos de apoio para o exame de tão significativo instituto dos direitos fundamentais declarados na Constituição da República brasileira de 1988.

---

110   BRASIL, Ávio. **O dano moral no direito brasileiro.** Rio de Janeiro: Livraria Jacinto Oliveira, 1944, p. 30.

## 2.2. ORIGENS, CONCEPÇÕES E FUNDAMENTOS DA REPARAÇÃO POR DANO MORAL

As questões que envolvem a reparação por dano moral, podem ser encontradas antes mesmo dos romanos. Na Índia, com o Código de Manu[111] e na Babilônia, com o Código de Hammurabi[112], podemos encontrar alguns preceitos circunscritos a casos especiais referentes a reparação tangentes aos danos resultantes dos descumprimentos dos ajustes, com manifesta intenção de se referirem, de modo expresso, ao prejuízo moral.

Aos compromissos originários de um contrato válido atribuía-se valores sagrados, estando os pactuantes obrigados aos seus cumprimentos, sob pena de sanções que iam desde o ressarcimento pelos prejuízos materiais à sujeição à pena de desterro.

Além das questões dos ajustes, verifica-se, no Código de Manava-Dharma-Sastra (Manu), no Livro VIII, referente ao ofício dos juizes, das leis civis e criminais, no parágrafo 224, que o rei estava autorizado a impor pesadas multas àquele que desse, em casamento, *uma donzela com defeitos*, sem antes, haver prevenido ao interessado. Ao pagamento de cem *penas* se sujeitaria, no entanto, ao contrário, aquele que, caluniosamente, proclamasse não ser virgem uma jovem, conforme disposições dos parágrafos 225.[113]

No Código de Hammurabi, nos casos de bruxaria, entendia-se que além dos prejuízos econômicos, a vítima era prejudicada também moralmente, na medida em que, nas práticas de bruxaria contra um terceiro, estava implícito um determinado mal. Sendo esse terceiro

---

111  MANU ( Manava-Darma-Sastras ), segundo a mitologia hinduísta, foi o personagem que sistematizou as leis sociais e religiosas do Hinduismo. Escrito entre 200 a.C. à 200 d.C., tem por base todo o **Veda**, as determinações e as práticas morais daqueles que o possuem, os costumes imemoriais das gentes de bem, e, em caso de dúvida a satisfação interior. A Revelação é o Livro santo ( Veda ), e a Tradição, o Código de Leis ( **Dharmásastra** ); sendo que uma e outra não devem ser contestadas em nenhum ponto, porque o sistema dos deveres resulta daí, na sua totalidade ( Cf. GILISSEM, John. **Introdução histórica ao direito**. 2.ed. Lisboa: Fundação Calouste Gulbenkian, 1995, p. 108).
112  HAMMURABI, Rei da Babilônia ( 1792-1750 a.C. )instituiu um sistema codificado de leis, gravado em uma estela (pedra) de bassalto negro, hoje no museu do Louvre, constituindo um sistema de leis sumérias e acadianas, que foram revistas, adaptadas e ampliadas, estabelecendo uma ordem social baseada nos direitos do indivíduo e aplicada na autoridade das divindades babilônicas e do Estado, tendo por princípio de que **o forte não prejudicará o fraco**. ( Cf. REIS, Clayton. **Dano moral**. 4.ed. Rio de Janeiro: Forense, 1997, p. 9 ).
113  SILVA, Wilson Melo da.**O dano moral e sua reparação**. Rio de Janeiro, Edições Revista Forense, 1955, pp. 20 e ss.

inocente o prejuízo tornava-se transcendente, atingindo sua alma, sua dignidade como pessoa, devendo o malfeitor pagar tal prejuízo com a própria vida. Apurava-se a culpa ou inocência do lesado através do processo conhecido como *ordálias*, que na Idade Média passou a ser conhecido como *Juízo de Deus*. Tal processo constituía-se em atirar a vítima da bruxaria ao rio. A esta, não morrendo de súbito, atribui-se a sua inocência, declarando injusta a bruxaria, devendo o enfeitiçador, sofrer a pena de morte.[114]

Historicamente, conta-se que *Eschine* reprovara publicamente a *Demóstenes*, por haver este recebido, de *Midias*, certa quantia de dinheiro em pagamento de uma bofetada. Tal fato demonstra que já havia entre os gregos a ciência do prejuízo moral.[115]

No Direito grego encontramos as preocupações em reparar a difamação e a injúria, que constituíam verdadeiros crimes, atribuindo-se severas penas àqueles, que por intermédio de palavras ditas em público, ofendiam a moral e a dignidade de determinada pessoa. APARECIDA AMARANTES informa que no direito grego havia um tratamento preciso para as ofensas dirigidas por meio de palavras. A conceituação técnico-jurídica da injúria, entre os gregos não era abrangente e só em casos acentuadamente danosos, em circunstâncias agravantes, o Direito ático penalizava o causador do dano[116].

Não obstante as observações de GABBA de que os romanos desconheciam a ideia de reparação por dano moral,[117] é no Direito romano que a reparação pelo prejuízo imaterial vai se delinear com maior acuidade no que se refere à fonte de proteção legal do que contemporaneamente denomina-se *Direitos da Personalidade*. Certamente, em Roma, desconhecia-se essa classe de Direitos nas dimensões que hodiernamente os conhecemos. No entanto, a proteção da personalidade era assegurada pelo *actio injuriarum,* excetuando-se os escravos que não detinham o *status* de pessoa[118].

O direito geral de personalidade, bem como as modernas compreensões do "direito da pessoa" tem grandes reflexos no entendimento de uma teoria geral do dano moral e a constitucionalização daquilo

---

114 SILVA, Wilson Melo da. *Op. Cit.*, 1955, p. 22.
115 SILVA, Wilson Melo da. *Op. Cit.*, 1955, p. 25.
116 AMARANTES, Aparecida I. **Responsabilidade civil por dano à honra**. Belo Horizonte: Del Rey, 1991, p. 21.
117 GABBA. C. F. **Questioni di Diritto Civile**, ed. 1911, Turim, Vol. II, p. 217.
118 Cf. CASTAN TOBEÑAS. Los derechos de la personalidad. Madrid: Instituto Editorial Reus, 1952, pp. 9 e ss.

que se pode denominar por **direitos sensíveis.** Atualmente é princípio comumente aceito, que todo ser humano é pessoa para o Direito, sem que se admitam certas distinções, que decorrem da compreensão de que o nascimento determina a personalidade. Os textos legais assim estabelecem o momento inicial da condição de pessoa humana.[119]

A importância do Direito romano é marcante e imprescindível a qualquer pesquisa que se faça na esfera jurídica, tanto pela sua profunda influência no direito moderno e contemporâneo, tanto pelo seu caráter científico, jurisprudencial, que separou o direito da mera casuística. É justamente nessa separação do casuísmo e imprimindo ao Direito, rigor e precisão, que as fontes romanas tornam-se importantes no estudo do dano moral, em específico.

Na compilação das XII Tábuas[120] já podemos notar a preocupação em reparar os crimes que implicassem em infâmia ou ultraje, ou, que ocasionassem dano físico ou moral a outrem, aplicando-se a lei de talião, preceituando que *SI MEMBRUM RUPSIT, NI CUM EO PACIT, TALIO ESTO* (Se for mutilado um membro e não houver composição, que se aplique o talião); ou ainda aplicando-se uma pena pecuniária no caso *MANU FUSTIVE SI OS FREGIT LIBERO CCC. SI SERVO CL. POENAM SUBITO* (se alguém tiver quebrado um osso com a mão ou com um pau, a pena será de 300 *asses* se a vítima for um homem livre, e 50, se for um escravo); ou *SI INIURIAM (ALTERI) FAXSIT VIGINTI QUINQUE POENAE SUNTO* ( se alguém fizer injúria a outro a pena será de 25 *asses* ).[121]

Extrai-se da mencionada compilação vários preceitos referentes à integridade da pessoa, decorrentes de danos à moral, além daqueles que resultavam de dano corporal, como por exemplo, a mutilação de um

---

119  SOUSA, Rabindranath V. A. Capelo de. **O direito geral de personalidade.** Coimbra: Coimbra, 1995; ALONSO, Eduardo Serrano. **Derecho de la persona**, Madrid: Actualidad, 1996; PEREZ, Gonzáles. **La dignidad de la persona**. Madrid, 1986; CASTAÑEDA, Hoyos. **El concepto jurídico de la persona**. Madrid, 1989; LETE DEL RÍO. **Derecho de la persona**, Madrid: Tecnos, 1996.

120  Apesar de contestada a sua autenticidade, a lei das XII Tábuas apresenta o Direito Civil do povo romano. Segundo a tese de LAMBERT - "**La question de láuthenticité des XII Tables et Annales Maximi**" apud Vandik L. da Nobrega. **Compêndio de direito romano V I**, 5.ed., Rio de Janeiro: Freitas Bastos, 1969, p 133 - a localiza no terceiro século antes da nossa era, julgando que a expressão **Duodecim Tabulorum** apareceu muito depois. O jurista Sextus Aelius Paetus Catus, cônsul no ano 198 a. C., teria reunido os principais provérbios e preceitos costumeiros, que a posteridade qualifica de lei das doze tábuas. John Gilissen situa o surgimento das Leis das XII Tábuas aproximadamente cerca de 450 anos a.C., (*Op. Cit*., 1995, p. 93).

121  Cf. NÓBREGA, Vandick L. da. **Compêndio de direito romano.** V.I., 5. ed. Rio de Janeiro: Freitas Bastos, 1969, p. 146; BONFANTE, Pietro. **Istituzioni di diritto romano**. Turim: Fonton, 1966; CRUZ, Sebastião. **Direito Romano** Vol. I, Coimbra: Sólivros, 1984.

membro (*membrum ruptum*) ou fratura de ossos (*fractum*) e diversas outras lesões menores, genericamente denominadas de injuria (*iniuria*), que poderia ser praticada de três maneiras: *falada, escrita* ou *real*. Esta última caracterizava-se pela ofensa física, propriamente dita.

Portanto, constata-se que os romanos, não obstante às vozes em contrário, possuíam se não a exata, mas a noção da importância e a grande extensão das consequências derivadas dos atos lesivos à honra de alguém, implicando, quando verificado o ato danoso, em uma reparação econômica.

Mas é com o aprofundado estudo de VON IHERING[122] que se demonstrou que o Direito Romano não desconhecia as questões relacionadas ao dano moral. Conhecia-se, no *jus romanum* quatro espécies de delitos privados: *furtum, rapina, danum injuiria datum* e a *iniuria*. A injúria que derivava etimologicamente de *in* = não + *jus, juris* = direito, significando "não direito", compreendendo-se, para os romanos, tudo aquilo que se fazia sem direito. Em sentido estrito, porém, a *iniuria*, era para os romanos, ato voluntário, ofensivo à honra ou a boa reputação do indivíduo.[123]

IHERING ao desvendar a diferença entre injuria concreta e injuria abstrata, demonstra que ao ser lesado na honra, a pessoa é lesada naquilo que é, ou seja, é lesionado em abstrato, diferentemente de quando é lesionado naquilo que detém em concreto.

Ao comentar a diferença entre injuria abstrata e injuria concreta na obra de Ihering, APARECIDA AMARANTES considera que é de estrema importância a assertiva de que a pessoa é lesada naquilo que é na ocorrência de lesões ao seu corpo, à sua liberdade e à sua honra, que constituem o centro representado pela própria pessoa, contrariamente as lesões, que dizem respeito às relações da pessoa com as coisas.[124]

É justamente nesse momento, ou seja, na diferenciação entre o *ser* e o *ter* que se revela a importância, bem como a vulnerabilidade, tanto da dimensão patrimonial como moral da pessoa humana. Tal diferença demarcava os campos dos dois últimos delitos privados, conhecidos pelos romanos: na *iniuria*, levava-se em conta o homem, considerado física e moralmente. Os danos originados pela *iniuria* se reparavam por via da *Lex Cornelia*. Já no *damnum iniuria datum*, visava-se os bens patrimoniais.

---

[122] Cf. IHERING, Rudof von. **Actio Injuriarum des lésions injurieuses en droit romain (et en droit français).** Paris: Chevalier, 1888.
[123] SILVA, Wilson Melo da. *Op. Cit.*, 1955, p. 26.
[124] AMARANTES, Aparecida I. *Op. Cit.*, 1991, p. 17.

Grande influência no que se refere à reparação por responsabilidade civil advém da *lex aquilia,* que aparece por volta do século III a.c. e sancionava o delito privado, conforme acima mencionamos, reunindo certo número de fatos sob a denominação de *danum iniuria datum* ( dano causado ilicitamente ). Visava os bens patrimoniais.

Contemporaneamente a responsabilidade civil é chamada de <<responsabilidade aquiliana>>, devido às suas origens na *Lex Aquilia*, da época românica. Segundo GILISSEM a noção moderna de responsabilidade civil desenvolveu-se entre os séculos XVI e início do século XIX na base de uma interpretação extensiva dada a *Lex Aquilia* no direito romano clássico tardio.[125]

Mas para efeitos assecuratórios do dano à honra havia no Direito Romano, o *actio iniuriarum*, para a proteção contra a *iniura*, delito que a princípio dizia respeito a lesões pessoais físicas; devido à sensibilidade romana em questões de honra, sofreu inúmeras ampliações conceituais, cedendo lugar à ideia de *cotumélia* (ofensas morais).[126]

Nas lições de JUSTINIANO[127], a *iniuria* (injúria) sempre atingia a pessoa do ofendido, quer na própria dignidade, quer no próprio corpo, sendo as mesmas cometidas não apenas quando se davam golpes em alguém com punho ou com varas, mas também, quando, por qualquer outra forma, contra qualquer um se alterava a fala, de modo bulhento, ou se lhe tomava a posse dos bens, como se devedor fora aquele que se sabia nada dever à gente. De igual modo, injúria se causava a outrem quando, contra ele, se escrevia, compunha ou publicava um libelo ou livro infamante de versos.

WILSON MELO DA SILVA lembra que ao ser injuriado, em sentido estrito, a vítima dispunha da ação pretoriana a que se denominava *injuriarum aestimatoria*, pela qual podia reclamar certa reparação, que consistia sempre, em uma determinada soma em dinheiro, que de maneira prudente, deveria ser arbitrada pelo juiz. O arbitramento somente tinha lugar depois de feita, pela parte ofendida sob juramento, a estimativa - advindo daí o nome da ação -, do próprio dano, ao qual nem sempre se atinha o fazedor de justiça[128].

---

125 GILISSEM, John. *Op. Cit.*, 1995, pp. 750-751.
126 BRASILEIRO, Ricardo Adriano Massara. **Direito de personalidade: inserção constitucional.** in: Revista do CAAP, ano II, n. 2, Belo Horizonte: Centro Acadêmico Afonso Pena?Faculdade de Direito da UFMG, 1996/97, p. 201.
127 SILVA, Wilson Melo da. *Op. Cit.*, 1955, p. 27.
128 SILVA, Wilson Melo da. *Op. Cit.*, 1955, pp. 29-30.

Não restam dúvidas de que a *iniuriarum aestimatoria* tratava-se de um instrumento jurídico, entre os romanos, destinado a reparar os prejuízos sofridos moralmente por alguém. O ofendido poderia até sofrer consequências patrimoniais advindos da injuria sofrida, mas estes não deveriam ser o *animus* do ofensor. Bastava a intenção de praticar a ofensa para se caracterizar a injúria, sem o propósito maior de causar algum *damnum* material.

Destaca ainda, o professor WILSON MELLO DA SILVA, com subsidio em Mackeldey, que o processo para o valimento dos direitos do ofendido nos casos submetidos a *actio iniuriarum* era simples e curiosos. O ofendido, deduzindo o seu pedido e especificando nele a lesão de que se queixava, reclamava concomitantemente o pagamento de certa quantia pecuniária. Ao tomar conhecimento do pedido, o juiz, ao dar procedimento ao mesmo, condenava o culpado ao pagamento da quantia pedida, aceitando-a no *quantum* arbitrado pela parte ou modificando-a, a seu critério[129].

O Direito romano, em consonância com a tese de IHERING, tratou explicitamente do dano moral, com previsão inclusive da sua reparação, que poderia ir muito além do próprio delito praticado, quer oriundo dos contratos ou da simples vontade de injuriar, podendo o dano sofrido ser ressarcida por instrumento jurídico adequado, a denominada *injuriarium aestimatoria*.

O que devemos destacar, no acolhimento do dano moral, por parte do Direito romano, é justamente o tratamento racional concedido a um prejuízo de extrema dificuldade de percepção e interpretação. Ante a grande dificuldade de percepção do dano moral, o Direito romano adotou critérios simples, como parâmetro, para o arbitramento da indenização, ou seja, o próprio pedido da vítima. A partir do pleito da própria vítima, formava-se o juízo, levando-se em conta, na quantificação da injuria, a natureza do fato, o lugar da ofensa e as condições pessoais do ofensor e ofendido.

Mais além, verifica-se que os romanos criaram a própria personalidade jurídica, considerando cada "indivíduo autônomo e capaz de auto-organização, não só em relação a si mesmo, como perante outros"[130] O indivíduo, assim encarado, passa ter responsabilidade pelos seus próprio atos em relação ao outro, subjacente ao respeito a uma ordem jurídica instituída, proporcionadora de referências para todas as relações no âmbito particular e coletivo.

---

129   SILVA, Wilson Melo da. *Op. Cit.*, 1955, p. 30.
130   CAMPOS, Diogo Leite de. Lições de direito da personalidade. 2. ed. Coimbra: 1992, p. 17.

Na evolução histórica da reparação por dano à moral, vários outros sistemas jurídicos ou estatutos normativos contribuíram para a sua evolução e delineamento técnico-jurídico. No Direito Hebraico[131], por exemplo, as questões atinentes ao dano moral encontram-se nas passagens bíblicas, nomeadamente no *Deuteronômio*, onde se menciona a reparação devida aos casos de difamação de mulher virgem ( Deuteronômio cap. XXII, verss. 13-20); ou ainda, quando em outras questões que envolvessem lesões físicas, onde socorria-se na lei de talião ( êxodo, cap. XXI, vers. 24-25 ), forma esta, que posteriormente foi substituída por penas de ordem econômica.

Segundo informa WILSON MELO DA SILVA, baseado em obra de Mateo Goldseir[132], a substituição da aplicação da lei de talião por outra de caráter econômico, entre os hebraicos, a *Guemará*, extraída da norma contida no versículo 31 do cap. XXXV basearâ-se no seguinte raciocínio:

> Raciocinava-se: se por esse versículo, o homicídio *não se podia* jamais reparar senão pela morte do ofensor, é que, nas hipóteses outras, em que não estivesse em jogo a vida humana, reparação diversa haveria de se admitir, além daquelas ditadas pelo talião.[...] Baseava-se essa sub-rogação da pena do talião pela da compensação econômica, não só fato do razoável temor de que, na prática do olho por olho, se pudesse também, ocasionar a morte do paciente, o que seria, em última análise, um ilegal e irreparável excesso do cumprimento da pena.[...] E assim, em face dessa hermenêutica e desses ensinamentos, a lei talmúdica, sem se afastar da lei mosaica, instituiu, para as feridas e sofrimentos porventura ocasionados a alguém, cinco diferentes tipos de indenização, [...] atribuídos no tratado de *Babá Camá*. [...] E são: *Nesek*, que atenta para o dano propriamente dito; *Tzaar*, que leva em conta, de maneira exclusiva, o dano moral consequente da pura dor física do paciente; *Shevet*, que diz respeito apenas ao dano relativo à cessação das atividades do lesionado no período da enfermidade; *Ripui*, que ordena ao ofensor a obrigação dos custeios das despesas do tratamento médico da vítima, e *Boshet*, ou a indenização devida para outra modalidade de dano moral puro, para a vítima da agressão, um pedacinho íntimo, uma humilhação, uma vergonha etc[133].

---

131  O Direito Hebraico é um direito religioso. Religião monoteísta, diferentemente dos politeísmos que rodeavam a antiguidade. Religião que derivou o cristianismo, exercendo profunda influência no ocidente. O direito é "dado"por Deus ao seu povo, estabelecendo-se assim, uma aliança entre deus e o seu povo escolhido ( Cf. GILISSEN, John. *Op. Cit.*, 1995, p.66 ).

132  **Derecho Hebreo, através de la biblia y el talmud.** Buenos Aires: Ed. Atalaya, pp. 108-410.

133  SILVA, Wilson Melo da. *Op. Cit.*, 1955, pp. 50-51.

Quanto ao cálculo indenizatório, no *Tzaar*, encontra-se a seguinte operação no *Babá Camá* ( 8º Perek ): "Como se estima a dor? Estima-se a dor levando-se em conta o que um homem, como a vítima, queria receber para suportar o mesmo sofrimento."[134]

Também no *Direito Canônico*,[135] várias são as passagens onde se pode extrair aspectos que tocam diretamente o dano moral, como por exemplo a condenação em reparar por danos ou prejuízos causados à alguém, na ruptura da promessa de casamento, prevista no § 3º do cânone 1.017. No § 1º, do cânone 2.354, previa-se, ao lado de danos materiais comuns, outros danos tipicamente morais, como os atentados à integridade física das pessoas e à dignidade humana, gerando obrigações de reparação. Neste ultimo cânone, a reparação por danos materiais mescla-se com as obrigações geradas pelos danos morais. A calúnia e a injúria também eram previstos pelo Código Canônico, cujos preceitos estabelecidos no Cânone 2.355 informavam que o dano originado por aqueles atos deveria ser reparado de maneira dúplice: com sanções de ordem material e de ordem espiritual.[136]

APARECIDA AMARANTES, fundamentada em estudos de FRANCESCO ROBERTI,[137] informa que no que se refere especialmente à *infâmia*, esta se dividia em *infâmia de direito* e *infâmia de fato*, sendo a primeira aquela cujos casos estavam estabelecidos, expressamente no Direito comum canônico (cânone 2293, § 2º), e a segunda era aquela ocasionada pelo cometimento de um delito ou por um costume degenerado que levava o indivíduo perder a boa fama entre os fiéis de bem (cânone 2293, § 3º). Adotava-se, assim, no Direito Canônico a mesma distinção que o Direito Romano fazia para *injúria de fato* e *injúria de direito*. "A boa reputação - elemento conceitual da Honra -, cuja perda configurava-se como infâmia, no Direito Canônico, apesar da intensa vinculação à ordem religiosa," escreve a citada autora, ressaltando que o mais relevante era "a exigência de uma proteção, não à dignidade da pessoa humana em si e nas suas relações com terceiros, mas sim bons costumes e com tendência e açambarcar alguns casos de ordem penal."[138]

---

134    SILVA, Wilson Melo da. *Op. Cit.*, 1955, p. 51.
135    O Direito canônico refere-se ao direito da comunidade religiosa dos cristãos, especialmente o direito da Igreja Católica. O termo **canon** vem do grego **kanoon**, que vem a significar regra. A Igreja Católica desempenhou um papel importante no período medieval, exercendo, nesse período, um poder temporal muito forte. O direito canônico foi durante a Idade Média, por muito tempo, o único direito escrito, influenciando inclusive certos domínios do direito privado, que posteriormente vieram a se formar modernamente ( Cf. GILISSEM, John. *Op. Cit.*, 1995, pp. 133 e ss ).
136    SILVA, Wilson Melo da. *Op. Cit.*, pp. 44 e ss.
137    **Infamia ( diritto canonico ). Novíssimo Digesto Italiano.** v. 8, pp.644 e ss.
138    AMARANTES, Aparecida I. *Op. Cit*, 1991, p 23.

Conforme se pode depreender das contribuições acima, o direito canônico, apesar de ligar-se fortemente às questões espirituais, não descuidou das questões ligadas à honra da pessoa, por ser esta, em última análise, fundamento para uma vida reta, a qual todos os fiéis deveriam seguir. A boa fama é um reflexo de vida espiritual ativa e satisfatória, condicionada aos ditames da Igreja, preconizadora de uma determinada moral.

O Código Canônico atual, de 27 de novembro de 1983, seguindo o pensamento da doutrina jurídica moderna, prevê penalidades tanto para o clero como para os leigos, aproximando a Honra ao Direito, concedendo à mesma o caráter de direito exigível diante de terceiros.[139]

O Direito romano e o cristianismo exerceram grande influência nos sistemas jurídicos que vieram a se formar no período moderno. No influxo do cristianismo, por exemplo, coloca-se em perspectiva o valor da personalidade humana, em cuja universalidade implica o seu respeito e inviolabilidade, estabelecendo ainda a fraternidade entre os homens. O Direito romano marcou forte presença no direito civil de grande parte dos países europeus.

O *Code Civil* francês de 1804, por exemplo, mencionava a reparação por prejuízo causado a alguém. Em seu art. 1382º, sede principal da matéria tinha a seguinte redação: *Qualquer ação humana que cause a outrem um dano obriga à reparação deste por parte daquele por cuja culpa tal ação aconteceu.*[140] Com efeito, extrai-se do referido texto legal que a obrigação de reparar o prejuízo causado à outrem resulta da responsabilidade daquele que cometeu o ato danoso, tratando-se de uma responsabilidade individual. Apesar de tratar muito brevemente da matéria, os artigos 1382º a 1386º, que preconizavam sobre a responsabilidade civil, os seus redatores levaram em conta um princípio básico: *o homem é o grande de qualquer ação sua* não podendo a esse princípio de ordem pública, *a lei hesitar entre aquele que se engana e aquele que sofre.*[141]

Nota-se, a partir da redação do artigo 1382, do Código Civil francês de 1804[142], certa semelhança com da *Lex Aquilia*, visto que

---

139 AMARANTES, Aparecida I. *Op. Cit.*, 1991, pp. 26-27.
140 Redação do art. 1382 do Código civil Francês de 1804: "**Tout fait quelconque de l'homme qui cause à autrui un dommage, oblige celui par la faute duquel il est arrivé, à le réparer.**"
141 GILISSEM, John. *Op. Cit.*, 1995, pp. 750-753.
142 O Código Civil francês de 1804 encarnou o pensamento jusnaturalista que então predominava em França. Obra de uma comissão de juristas presidida pelo imperador Napoleão Bonaparte. O mencionado código era tido como fruto do universo civilizado, que na expressão do Ministro Tiers; nele achava-se o resumo da moral do mundo, o direito civil, que tanto servia para a França como de modelo para todas as nações do mundo. ( Cf. COELHO, Luís Fernando. **Lógica Jurídica e interpretação das leis**, Rio de Janeiro: Forense, 1979, p. 88-89.

a redação dá a entender, inicialmente, que a reparação somente se refere ao prejuízo patrimonial, não estendendo seus efeitos aos ideais ou morais. No entanto, a doutrina mais autorizada ainda se debate sobre o termo (*dommage*), especulando sobre o seu real significado e alcance, no que se refere à sua interpretação *lato* ou *stricto sensu*, não havendo ainda resolução à essa controvérsia.

Vale pensar que o Código Civil, entendido pelos franceses como uma obra perfeita e imortal, acabou por influenciar o desenvolvimento da escola hermenêutica da *exegese*[143], identificada com a mística da lei e a reverência ao Código de Napoleão. A escola da *exegese* caracterizava-se por considerar o intérprete escravo da lei, tendo a lei como fonte única e válida do Direito[144], de maneira que ficava muito difícil conceder uma extensão mais ampla aos termos e vocábulos de um determinado texto de lei. Ao que parece, a interpretação era restrita e não ampla. Em assim sendo, realmente torna-se de todo importante examinar, com maior acuidade, a extensão imprimida pelo legislador francês de 1804 à palavra *dommage*, restringindo-se aí, toda controvérsia.

Essas dúvidas também recaíram de certa forma, no exame do dano moral no Código Civil italiano de 1865, em seu artigo 1.151, que de sobremodo sofreu influências diretas do Código Civil napoleônico. O texto que deu corpo ao citado artigo também mencionava o termo *dano*, deixando os seus exegetas entre uma interpretação mais ampla ou mais restrita do termo.

Para aqueles que se filiam à doutrina de Gabba, o art. 1.151 do Código Civil italiano - "*Qualunque fatto dell'uomo, che areca danno ad altri, obbliga quello per colpa del quale è avvenuto a risarcire il danno.*"- não autorizava indenização por dano moral, estando a ressarcibilidade do prejuízo ligada a um apenamento, preconizado pelo Código Penal italiano, no seu art. 38 que determinava;

---

143 Segundo Luís Fernando Coelho, a tendência exegética, "explica-se em parte pelo racionalismo que precedeu a era das modernas codificações, dando a impressão de que os códigos, monumentos imperecíveis da razão humana, continham todo o Direito; assim, o intérprete deveria proceder **more geométrico**, deduzindo o sentido oculto da lei mediante procedimentos filológicos e lógicos", lembrando ainda que "esse tipo de interpretação produziu consequências nem sempre desejáveis [...], pois, em muitos casos, o mero sentido da palavra escrita conduzia ao materialismo mais grosseiro." ( COELHO, L. Fernando. *Op. Cit.*, 1979, p.89.

144 COELHO, Luís Fernando, *Op. Cit.*, 1979, pp.88-89.

> Oltre alle restituzioni ed al risarcimento di danni, il giudice per ogni delitto che offenda lónore della persona o della famiglia, ancorchè non abbia cagionato danno, può assegnare alla parte ofesa, che ne faccia domanda, una somma determinata a titolo di riparazione.

Desse modo, tão somente como uma pena, era admissível, conforme estava no Código Penal, o ressarcimento de um provável prejuízo moral[145].

Nessa mesma perspectiva, também CHIORANI e PACHIONI, na ideia concordante de que o dinheiro somente pode ser utilizado para adquirir coisas e não sentimentos. Admitiam, portanto, ressarcimento, somente por dano patrimonial, asseverando ainda que *entre a dor e o dinheiro não haveria equivalência*.[146]

Dentre aqueles que se opunham a tese de GABBA estava MINOZZI, que através do seu famoso estudo intitulado *studio sul danno non patrimoniale*, defendia o entendimento de que nas reparações dos danos morais não se tarifa o preço da dor, vez que a mesma não tem preço, devendo a soma a ser arbitrada em favor do lesado, tão somente como uma compensação pelo sofrimento experimentado, devendo, portanto, ser arbitrada.[147]

Toda essa controvérsia em torno da questão da reparabilidade civil advinha da confusa redação dada ao Código Civil e ao Código Penal, italianos, deficientes na clareza, provocando dúvidas no âmbito interpretativo.[148]

À exemplo do Código Civil francês, também as dúvidas em torno do ressarcimento por dano moral, no velho Código Civil italiano recaia sobre a interpretação que deveria ser dada ao termo *danno*.

Segundo a cátedra de WILSON MELO DA SILVA, essas dúvidas foram dissipadas com a instituição do Código Penal de 1930, principalmente pela redação dada ao seu art. 185, visto que

> já não mais se atinha à lei a casos determinados de reparação por danos morais resultantes de delitos penais e, em segundo lugar, o legislador penal italiano, numa verdadeira interpretação autêntica, consignava que os danos, tanto podiam ser patrimoniais simplesmente, como também extrapatrimoniais[149].

---

145 BRASIL, Ávio. **O dano Moral, no direito brasileiro.** Rio de Janeiro: Livraria José Jacinto Editora, 1944, p. 34.
146 BRASIL, Ávio. *Op. Cit.*, 1944, p. 36.
147 SILVA, Wilson Melo da. *Op. Cit.*, 1955, p. 89-90.
148 BRASIL, Ávio. *Op. Cit.*, 1944, p. 37.
149 SILVA, Wilson Melo da. *Op. Cit.*, 1955, p. 79.

Baseado em raciocínio lógico, WILSON MELO DA SILVA dirá que não se poderá mais ter dúvidas sobre a reparação por danos morais, diante do artigo 1.151 do Código Civil italiano de 1942, cujo vocábulo *danno* apresentava-se em sua forma genérica, sem nenhuma limitação, na medida em que o próprio legislador italiano admitia duas espécies de dano: o patrimonial e o não patrimonial.[150]

No entanto, com a entrada em vigor do Código Civil italiano de 1942, o legislador introduziu algumas alterações, limitando a reparação apenas as hipóteses de danos morais decorrentes de delitos penais, representando, para o professor WILSON MELO DA SILVA, verdadeiro retrocesso, sanado apenas, pela enxurrada de doutrinas e jurisprudências avassaladoras, que acabou por vencer àquela limitação legal arbitrária.[151]

No Direito contemporâneo italiano o dano moral e sua reparabilidade são aceitos em sentido amplo, já não havendo mais controvérsia em torno de sua admissibilidade.

Na Espanha também vamos encontrar a mesma dificuldade, no que se refere a aceitabilidade da reparação por danos não patrimoniais. O Código Civil espanhol de 1889, em seu art 1.902, utilizando a mesma linguagem do Código Civil francês, dava a entender que o *dano* a que se referia o texto do citado artigo referia-se tão somente ao dano patrimonial. E era assim que os tribunais espanhóis interpretavam a referida norma.

É importante notar que no tocante à responsabilidade individual não delituosa e especificamente no que se refere ao dano moral, verifica-se certa raridade, até o século XVIII. GILISSEN destaca que apesar do desenvolvimento da responsabilidade individual no domínio penal no fim da Idade Média e início da época moderna, a responsabilidade puramente civil surge senão no século XVIII, em parte, sob a influência das ideias de liberdade individual[152], destacando-se a escola jusnaturalista, que preconizava, antes de qualquer coisa, os direitos natos e fundamentais da pessoa humana, como por exemplo, os de liberdade, igualdade e propriedade, o que nos permitiria pensar que já o Código Civil francês, e aqueles inspirados nele, já tratassem, também, das questões que envolvessem a reparabilidade por dano moral de maneira ampla. Contudo, qualquer afirmação de que o dano moral era acolhido de maneira ampla, por aquelas legislações, deve ser considerada com certas ressalvas.

---

150 SILVA, Wilson Melo da. *Op. Cit.*, 1955, p. 80.
151 SILVA, Wilson Melo da. *Op. Cit.*, 1955, p. 81.
152 GILISSEN, John. *Op. Cit.*, 1995, p. 752.

## 2.3. O DANO MORAL E SEUS PRESSUPOSTOS JURÍDICOS MODERNOS

É com o advento da Renascença e o surgimento das teorias humanistas e contratualistas, a partir do século XVI, que a questão dos direitos que envolvem a personalidade humana toma outras perspectivas, outros pressupostos, pondo em destaque as dimensões naturais dos mesmos.

O Renascimento representou o surgimento de um novo tipo de homem, um homem que buscava, antes de qualquer coisa, a liberdade. O indivíduo em busca de sua liberação criativa e espiritual. Para LUCIEN FEBVRE o Renascimento representou a dissolução da lógica, da psicologia e da física *escolástica*[153], na busca de restabelecer nos seus direitos, na essência da alma, não apenas a verdade, mas também a virtude, tratando-se, antes de tudo, de afirmar o valor absoluto da natureza e da humanidade.[154] Surge desse modo, o pensamento moderno, colocando em perspectiva o poder exclusivo da razão, pondo em xeque o dogmatismo medieval, e, em seu lugar, o exercício da dúvida, da especulação. O conhecimento, a partir daí, somente poderia ser obtido a partir de uma *práxis* racional.

Impulsionadas pelos novos tempos, surgem ideias *liberais* indicando um conjunto que englobava sentimentos éticos, políticos e econômicos de uma burguesia nascente, que se opunha à nobreza feudal, ao regime absolutista dos reis. As ideias liberais preconizavam a garantia dos direitos individuais, tais como liberdade de pensamento, expressão e religião, pregando ainda a separação entre Estado e sociedade, ou seja, entre esfera pública e privada.

Na base das novas vertentes jurídicas da era moderna, as teorias contratualistas de Habbes, Rousseau e John Locke, que lançaram novas ideias em torno de direitos fundamentais como o de liberdade e igualdade, semeando aquilo que mais tarde passou-se a se denominar *direitos do homem*. Mais além, estes pensadores contribuíram para a

---

153 O termo **escolástica** vem a representar o último período do pensamento cristão que vai do começo do século IX até o fim do século XVI, ou seja, da constituição do sacro romano império bárbaro, ao fim da Idade Média. Esse período designa-se pelo termo **escolástica**, pelo fato de ser a filosofia ensinada nas escolas da época, pelos mestres, chamados, por isso, **escolásticos**. O pensamento **escolático** apoia-se e elabora o pensamento cristão, sobretudo no pensamento de Santo Agostinho e São Tomás de Aquino, estimulando uma aliança entre razão e fé. ( Cf. PANDOVANI, Umberto & CASTAGNOLA, Luís. **História da filosofia**. 18. ed., São Paulo: Melhoramentos, 1993, pp. 223 e ss.).

154 FEBVRE, Lucien. **le problème de l'incroyance au XVIª siècle. La religion de Rabelais**. Paris: Albin Michel, 1942, p. 408.

construção de um novo homem, o homem moderno. É célebre a passagem em que ROUSSEAU escreve que "o homem nasce livre, e por toda a parte encontra-se a ferros."[155] ROUSSEAU, então nos falará do *contrato social*, de um outro tipo de liberdade, a convencional, em oposição à liberdade natural e irrestrita.

Essas ideias irão desaguar em várias revoluções a partir do século XVIII, operando grandes mudanças sociais, políticas, econômicas e jurídicas, cujo grande momento histórico encontra-se na Revolução Francesa, que no entendimento de BONAVIDES, "produz até hoje correntes de pensamento que transformam ou tendem a transformar a sociedade moderna."[156] A Revolução Francesa teve o grande mérito da *Declaração Universal dos Direitos do Homem e do Cidadão*. Esta Declaração tornou-se princípio indestrutível, ao qual toda a humanidade deve se reportar, ou ainda como ressalta BONAVIDES:

> O século XVIII colocou, por conseguinte, todas as premissas e divisas subsequentes da rotação que a ideia revolucionária, para cumprir-se, teve que cursar. Primeiro, promulgou a constituição do chamado Estado de Direito e, ao mesmo passo, com a Revolução da burguesia, decretou os códigos da sociedade civil. Outro não foi, portanto, o Estado da separação de poderes e das Declarações de Direitos, que entrou para a história sob a denominação de Estado Liberal.[157]

Nesse contexto, acima traçado, encontramos os princípios do homem cidadão, do homem como sujeito de direitos e o próprio Direito como objeto em transformação, ou ainda conforme ensina DEL-VECCHIO, sobre a evolução histórica do Direito:

> Ainda depois de ter chegado a adquirir uma fisionomia peculiar e distinta, o Direito não permanece imóvel, mas desenvolve-se. As normas jurídicas, em sua história ou positiva existência, fluem constantemente: vigoram algum tempo, para logo outras as substituírem. Esta renovação contínua é determinada pelo espírito humano, de que o Direito é um dos produtos. Desenvolve-se a mente humana, erguendo-se de graus inferiores a graus superiores da consciência e da actividade; e o Direito acompanha este

---

155 ROUSSEAU, Jean-Jacques. **Do contrato social.** In: Coleção "Os Pensadores" Vol.I, São Paulo: Nova Cultura, 1997, p. 53.
156 BONAVIDES, Paulo. **Do Estado liberal ao estado Social.** 5. ed. Belo Horizonte: Del Rey, 1993, p.16.
157 BONAVIDES, Paulo. *Op. Cit.*, 1993, p. 17.

desenvolvimento. Além disso, quando as condições da vida ou as circunstâncias de tempo e de lugar se modificam, imediatamente o Direito tende a refletir estas alterações. Todos os fenômenos, nomeadamente os da vida social, entre os quais se encontram os jurídicos, acham-se entre si concatenados.[158]

Da emblemática Declaração Universal dos Direitos do Homem e do Cidadão, destacam-se os direitos de liberdade, os de igualdade, os de propriedade, no fortalecimento do indivíduo frente à opressão do todo poderoso Estado absolutista. No entanto, APARECIDA AMARANTES chama a atenção para o fato de que

> o Direito à honra não fora mencionado, como ainda não é em várias legislações recentes. Até então, cuidou-se da proteção dos direitos do homem, ou seja, relações de direito público, que são protegidas contra o poder e o arbítrio estatal[159].

O Direito modifica-se diante dos fatos, e, a partir da mencionada Declaração de direitos, o direito positivo passou a recepcionar certos direitos considerados inatos, como os de igualdade e liberdade. "O reconhecimento e a proteção dos direitos do homem estão na base das Constituições democráticas modernas"[160], comenta BOBBIO, alertando, todavia, para o fato de que

> tão logo submetemos valores, proclamados evidentes, à verificação histórica, percebemos que aquilo que foi considerado como evidente por alguns, num dado momento, não é mais considerado como evidente por outros, em outro momento,

concluindo, escreve o citado jurisfilósofo que

> deve provavelmente ter aparecido como evidente, aos autores da declaração de 1789, que a propriedade era 'sagrada e inviolável.' Hoje, ao contrário, toda referência ao direito de propriedade como direito do homem desapareceu nos documentos mais recentes das Nações Unidas[161].

---

158   DEL-VECCHIO, Giorgio. **Lições de filosofia do direito.** 5.ed. Coimbra: Arménio Amado, 1979, p.527.
159   AMARANTES, Aparecida I. *Op. Cit.*, 1991, p. 29.
160   BOBBIO, Noberto. **A era dos direitos.** Rio de Janeiro: Campus, 1992, p.01.
161   BOBBIO, Noberto. *Op. Cit.*, p.27.

Sem embargo, é também dessa mesma maneira que podemos compreender a evolução da proteção aos direitos da personalidade no contexto moderno e contemporâneo, ou seja, se num primeiro momento os direitos da personalidade humana não foram expressamente inscritos na Declaração de 1789, numa interpretação ampla, podemos verificá-los de modo implícito, já que os mesmos ligam-se diretamente às searas da dignidade e o respeito à pessoa humana.

A liberdade como atributo natural do homem, nos termos da Declaração de 1789, com fundamentos no *contrato social*, afirma que todos os homens nascem livres, decorrendo daí, uma série de implicações concretas, tangentes às liberdades tanto de caráter político, na escolha por parte dos cidadãos, de seus representantes, às liberdades de caráter individual e civil, como proteção às arbitrariedades e liberdade de pensamento.[162]

Com base no contínuo desenvolvimento do Direito, conforme DEL-VECCHIO nos fala pode-se afirmar que a cidadania que se busca contemporaneamente tem seus alicerces nas reivindicações de direitos civis e participação política, situadas nos séculos XVIII, XIX e XX, tendo o Estado papel fundamental na garantia de tais direitos, condicionados à liberdade e à igualdade, denominados inatos. Nesse sentido, escreve OLIVEIRA BARACHO, ressaltando que:

> A *teoria da liberdade* propicia múltiplos desdobramentos. Sendo que em sua primeira qualificação jurídica aparece concebida como direito inato, inerente a qualquer ser humano. A teoria do direito inato é tida, em tese, como um direito originário, inalienável e decorrente do próprio direito natural, entendimento dominante no momento em que surgiram as primeiras constituições que consagraram o direito à liberdade. O direito natural ou inato, considerado de maneira *ab aeterno*, tem natureza abstrata, mas designativa de que o homem nasce com ele. É um direito anterior ao Estado, que deve não apenas valorizá-lo, mas reconhecê-lo e tutelá-lo. Essa anterioridade do direito inato perante o Estado era considerada como a única solução lógica para compreender a soberania do Estado e a teoria contratualista. O Estado é instituição criada para proteger os direitos inatos. A teoria dos direitos inatos, no que se refere ao conceito de liberdade, apresenta como consequência a esfera da liberdade que tem como pressuposto a anterioridade ao Estado; a liberdade individual é por princípio ilimitada.[163]

---

162 BARACHO, José Alfredo de Oliveira. *Op. Cit.*, 1995, p.02
163 BARACHO, José Alfredo de Oliveira. *Op. Cit.*, 1995, p.05

Tais considerações podem ser aplicadas a todos os direitos inerentes à personalidade humana, adstrita ao direito à vida, a intimidade, à imagem e a honra. "São direitos da personalidade os reconhecidos ao homem, tomado em si mesmo e em suas projeções na sociedade," explica BITTAR FILHO, acrescentando que os mesmos "visam à defesa de valores inatos, como a vida, a intimidade, a honra e a higidez física."[164]

É nesse sentido que podemos afirmar que já na Declaração dos Direitos do Homem e do Cidadão, em 26 de agosto de 1789, há, mesmo que implicitamente, o amplo reconhecimento aos direitos à personalidade, principalmente no que se refere à liberdade de expressão, inscrita no art. 11, preceituando que *a livre comunicação dos pensamentos e das opiniões é um dos direitos mais apreciados pelo homem; todo cidadão pode, portanto, falar, escrever e publicar livremente, salvo a responsabilidade que o abuso dessa liberdade possa produzir, nos casos determinados por lei.*[165] Podemos dizer que a necessidade de proteção da honra e da moral da pessoa humana encontra-se perfeitamente declarada pelo citado documento.

Nota-se que a grande modificação, no âmbito da proteção dos direitos ligados à personalidade do homem, foi sem dúvida a subordinação do indivíduo à procedimentos específicos, originado da transferência do poder pessoal de repressão conferido ao ofendido, comum no mundo antigo, para o âmbito de um poder superior, representativo e soberano. A partir de então ao Estado obrigar ao autor da lesão, repará-la.[166]

Modernamente todos esses aspectos convergem para o chamado *Estado constitucional,* referindo-se às diversas etapas do estado moderno: Estado de legalidade formal, Estado do direito material, Estado de Justiça, que exprime, acima de tudo, o governo das leis.[167]

É desse manancial, da ingerência da esfera pública nas condutas e relações privadas que se torna consistente a teoria da culpabilidade, implicando no dever de indenizar, modernamente evoluindo para maiores amplitudes no que se refere à indenização por perdas e danos, em termos cada vez mais severos. Torna-se assim, o dano, "lesão injusta a valores protegidos pelo Direito. É uma lesão a va-

---

164 BITTAR FILHO, Carlos Alberto. **Tutela dos direitos da personalidade e dos direitos autorais nas atividades empresariais.** São Paulo: Editora Revista dos Tribunais, 1993, pp. 09-10.
165 **Derecho positivo de los derechos humanos**. Edição direigida por Gregório Peces-Barba Martínez. Madrid: Editorial Debates, 1987, p. 114.
166 MATIELO, Fabrício Zamprogna. **Dano moral, dano material.** 2. ed. Porto Alegre: Sagra-DC Luzzatto Editores, 1995, p. 18.
167 Cf. CANOTILHO, J.J. **Direito Constitucional.** Coimbra: Almedina, 1996, pp. 63 e ss.

lores porque afeta o indivíduo em seu patrimônio, seja material ou moral, levando a repercussões negativas."[168]

APARECIDA AMARANTES ao avaliar as dificuldades que se interpõem a evolução dos direitos à personalidade, ressalta que

> hodiernamente, é ponto pacífico entre os doutrinadores que o respeito à personalidade humana, em suas manifestações tanto físicas quanto espirituais ganhou acentuado relevo. [...] E esse relevo torna-se mais necessário, em decorrência da complexidade da vida moderna, cujos incrementos científicos e técnicos propiciam inúmeras ocasiões de lesão aos direitos de personalidade[169].

Com o aumento da complexidade social, novas demandas vão surgindo em torno desses direitos, que devem ser sempre interpretados a partir da lógica dos *direitos fundamentais*, cujos conteúdos devem se basear na liberdade e na igualdade entre os indivíduos.

Dos direitos fundamentais surgem então categorias jurídico-constitucionais importante, ligadas aos direitos, liberdades e garantias, com íntima referência pessoal ao homem individual, que por sua vez liga-se aos direitos da personalidade em geral, conforme lição de CANOTILHO, sobre direitos fundamentais e direitos da personalidade:

> Muitos dos direitos fundamentais são direitos de personalidade, mas nem todos os direitos fundamentais são direitos da personalidade. Os direitos da personalidade abarcam certamente os direitos de estado (por. ex.: direito de cidadania), os direitos sobre a própria pessoa (direito à vida, à integridade moral e física, direito à privacidade), os direitos distintivos da personalidade (direito à identidade pessoal, direito à informática) e muitos dos direitos de liberdade (liberdade de expressão). Tradicionalmente, afastam-se dos direitos de personalidade os direitos fundamentais políticos e os direitos a pretações, por não serem atinentes ao ser como pessoa. Contudo, hoje em dia, dada a interdependência entre o estatuto positivo e o estatuto negativo do cidadão, e em face da concepção de um direito geral de personalidade como <<direito à pessoa ser e à pessoa dever>> cada vez mais os direitos fundamentais tendem a ser direitos de personalidade e vice versa. [...] a ordem dos direitos fundamentais não é apenas uma ordem de direitos subjetivos, mas também uma *ordem subjectiva*

---

168 MATIELO, Fabrício Zamprogna. *Op. Cit.*, 1995, pp. 18-19.
169 AMARANTES, Aparecida I. *Op. Cit.* 1991, p.31.

que justificará, entre outras coisas, o reconhecimento de direitos fundamentais a pessoas coletivas e organizações (ex.: os direitos reconhecidos às organizações de trabalhadores na Constituição portuguesa). Neste domínio é particularmente visível a separação entre direitos fundamentais e direitos de personalidade[170].

Todos esses pressupostos, acima elencados, não podem ser encarados como meros fatos históricos, mas acima de tudo, princípios que norteiam a responsabilidade civil, dentro da qual se insere o dano moral, devendo sempre ser levados em conta, na abordagem da reparabilidade, em cujos fundamentos devem se sustentar.

## 2.4. ORIGENS E FUNDAMENTOS JURÍDICOS DO DANO MORAL NO BRASIL

No direito brasileiro o dano moral é historicamente aceito pela grande maioria dos juristas brasileiros, que se pronunciam no sentido da ampla adoção dos ressarcimentos por prejuízos não patrimoniais. No entanto há algumas vozes que se colocaram em sentido negativo. ÁVIO BRASIL noticia um acórdão de 1941, do Tribunal do Distrito Federal, tendo como relator, Frederico Sussekind, e como revisor, Rocha Lagôa, que assim se manifestaram:

> Os danos morais, segundo a doutrina e jurisprudência correntes não são indenizáveis, em face do nosso direito. É que nenhuma indenização é exigível sem a prova preliminar de um dano efetivo. Essa prova é, como no caso dos autos e segundo o laudo pericial, meramente conjectural. Ora, como decidiram as antigas Câmaras Reunidas dêste Tribunal, em 5 de dezembro de 1918, impossível é a avaliação do dano moral, porque, sendo a sensibilidade determinada pela organização especial de cada indivíduo, tal fato repercutirá diferentemente em cada um dos que por êle tenha sido atingidos. ( Revista de Direito, X julho-agosto, 1941, p. 366).[171]

LAFAIETE opunha-se à resarcibilidade dos danos não patrimoniais, asseverando que

---

170   CANOTILHO, J.J Gomes. *Op. Cit.*, 1996, pp. 520-521.
171   BRASIL, Ávio. *Op. Cit.*, 1944, pp. 55-56.

o mal causado pelo delito pode constituir simplesmente em um sofrimento físico ou moral, sem relação direta com o patrimônio do ofendido, como é o que resulta do ferimento leve que não impede de exercer a profissão, ou ataque à honra[172].

No entendimento de LAFAIETE, nestes casos não havia a necessidade de satisfação pecuniária, dizendo ser *extravagâncias do espírito humano* esse tipo de pleito. Nesse sentido LACERDA DE ALMEIDA, CARPENTER, JAIR LINS e JAIME LAMDIM.

Apesar de vários juristas e magistrados se posicionarem contra a reparação do dano moral, surgiu uma fase de transição entre a não aceitação e a aceitação da teoria da reparabilidade. Alguns magistrados aceitavam a reparação, apenas quando do dano moral advinha um reflexo patrimonial.[173] Ou seja, se do sofrimento espiritual, a vítima tivesse algum dispêndio patrimonial para sanar a sua dor.

Dentre aqueles que defendiam a teoria da reparabilidade do dano moral em sentido amplo, podemos nomear OROZIMBO NONATO, que em acórdão de sua lavra, noticiado na obra de ÁVIO BRASIL, assim se pronunciou acerca do dano moral no contexto jurídico brasileiro:

> O princípio da reparação do próprio dano puramente moral vai abrindo caminho, triunfando na doutrina e se inserindo nos códigos.
> O direito tende, cada vez mais, a dar proteção aos interêsses de ordem moral, e o princípio aludido pôde dizer Demogue, é admitido geralmente nos países latinos e anglo-saxônicos.[174]

Nota-se a importância da jurisprudência na orientação e consolidação do dano moral na sua evolução no universo jurídico brasileiro, tornando-se grande parte a fonte essencial do direito à reparação aos prejuízos não patrimoniais, em decorrência de atos danosos, revelando o espírito de legalidade envolvendo a matéria. Nesse sentido nomes como os de Laudo de Camargo, Antônio Vieira, Edmundo Lins, Amilcar de Castro, Hemenegildo de Barros e Eduardo de Menezes Filho; adeptos à doutrina de aceitação do dano moral. Em suas decisões decidiram pela reparabilidade.[175]

---

172 **apud** Wilson Melo de Souza, *Op. Cit.*, 1955, p. 258.
173 SILVA, Wilson Melo da. *Op. Cit.*, 1955, pp .266-267.
174 NONATO, Orozimdo. **Apud.** Ávio Brasil, *Op. Cit.*, 1944, p. 65.
175 Cf. SILVA, Wilson Melo da. *Op. Cit.*, 1955, pp. 270 e ss.

No âmbito doutrinário, EDUARDO ESPÍNULA e EDUARDO ESPÍNULA FILHO reconheciam a existência dos direitos não patrimoniais, classificando-os em: a) sobre a própria pessoa, como o direito à integridade corporal, à honra, ao nome etc.; b) os direitos de família, que, por consistirem em relações não econômicas entre pessoas ( posto de parte o lado econômico da sociedade familial ), alguns também denominam direitos pessoais.[176]

Também GONÇALVES DE OLIVEIRA pronunciava-se doutrinariamente ao lado daqueles que propugnavam a reparabilidade por danos morais, argumentando que na medida em que os problemas do mundo passaram a ser problemas econômicos, a responsabilidade não pode mais fundar-se na intenção do agente, mas no próprio ato danoso. É a teoria do risco criado, acolhida por juristas de escol, em virtude da qual, sem perquirir a intenção do agente, a todo dano corresponde uma reparação.[177]

Não podemos de deixar de mencionar Clóvis Beviláqua, autor do projeto do Código Civil Brasileiro de 1917, a partir da Lei nº 3.071 de 1º de janeiro de 1916, revogando as Ordenações, Leis, Decretos, Resoluções e Costumes concernentes às matérias de Direito nele reguladas, prevendo a indenização nas hipóteses de dano moral.

Registra ÁVIO BRASIL que Clóvis Beviláqua, enfrentando o que dispõe o artigo 1.537 do C.C.B. de 1916 (*art. 1537 - A indenização, no caso de homicídio, consiste: I - no pagamento das despesas com o tratamento da vítima, seu funeral e luto da família; II - na prestação de alimentos às pessoas a quem o defunto devia*) resumia o pensamento que representava indiscutivelmente a mais pura teoria jurídica brasileira, no assunto.[178]

Argumentava CLÓVIS BEVILÁQUA, que

> estabelecendo as bases da indenização, no caso de homicídio, o Código Civil não atendeu ao dano moral, que considera em outros casos, por não haver elementos seguros para a apreciação desse dano, que varia, consideravelmente segundo as hipóteses[179].

Assim não há o que se falar em dano moral, nos casos de homicídio, em face dos precisos termos do citado artigo. Isto porque, segundo o próprio CLÓVIS BEVILÁQUA,

---

176   **apud.** Ávio Brasil, *Op. Cit.*, 1944, pp. 61-62.
177   OLIVEIRA, A. Gonçalves de. **Ato ilícito e responsabilidade civil.** in: Revista Forense, Vol. 73, jan. 1938, p. 34.
178   BRASIL, ÁVIO. *Op. Cit.*, 1944, p. 59.
179   BEVILÁQUA, Clóvis. **Código Civil comentado**, 4.ed., Vol. V, obs. 2, p.320.

o dano moral nem sempre é ressarcível, não somente por não se poder dar-lhe o valor econômico, por não se poder apreçá-lo em dinheiro, como, ainda, porque essa insuficiência dos nossos recursos sobre a porta a especulação desonesta, acobertadas pelo manto mobilíssimo de sentimentos afetivos. Por isso, o Código Civil afastou as considerações de ordem exclusivamente moral, nos casos de morte e de lesões corpóreas não deformantes ( arts. 1537 e 1.538 )[180].

No entanto, em seu Código Civil Comentado, BEVILÁQUA esclarece que a fonte do art. 76 do Código Civil de 1916/17 [181]( *para propor ou contestar ação, é necessário ter legítimo interesse econômico, ou moral* ) foi do antigo Código de Processo Civil italiano, dizendo que

> o interesse será, ordinariamente, econômico, isto é, conversível em dinheiro; mas poderá ser também moral. [...] O interesse moral diz respeito à própria *personalidade* do indivíduo, à *honra*, à *liberdade*, e, ainda, à *profissão*[182].

Depreende-se que para o eminente jurista e seus seguidores, todo dano, fosse ele, patrimonial ou não, deveria ser ressarcido, por quem o causou, motivo pelo qual a necessidade de uma determinada ação que assegurasse os interesses tanto econômicos como morais.

Juristas da estirpe de Pontes de Miranda, Filadelfo Azevedo, Carvalho de Mendonsa e Texeira de Freitas, concluíram pela ampla reparação ao dano moral. Dentre esses nomes devemos destacar o de Teixeira de Freitas, autor de um esboço de Código Civil, que apesar de não ter sido aproveitado pelo Brasil, serviu de grande referência ao Código Civil argentino, estabelecendo o seguinte, no tocante à indenização por ato ilícito: "art. 801. *para êste fim o mal, que resulta à pessôa, e aos bens do ofendido, será avaliado por árbitros, em todas as suas partes, e consequências."* No art. 804, estabelecia: *"para se restituir o equivalente, quando não existir a própria cousa, será avaliada pelo seu preço ordinário, e pelo de afeição, contanto que êste não exceda a soma daquele."*

---

180 **Apud**. Wilson Melo da Silva. *Op. Cit.*, 1955, p. 284.
181 O Código de Processo Civil de 1939 copiou fielmente o mesmo preceito, em seu art. 2º: "Para **propôr ou contestar ação é necessário legítimo interêsse, econômico ou moral"**
182 BEVILÁQUA, Clóvis. *Op. Cit.*, 5. ed. Vol. I, obs 1, ao art. 76, p. 313.

Comentando o seu projeto, TEIXEIRA DE FREITAS disse que o mal à pessoa e seus bens, ou quaisquer delitos, avaliado em todas as suas partes, e consequências, é irredutível sem inconveniente ao que se chama prestação de *perdas e danos, perdas e interesses, lucros cessantes e danos emergentes*; que vem a ser, o que efetivamente perdeu-se e o que se deixou de ganhar.[183]

No entanto, verificamos que apesar de não falar explicitamente de dano moral, na leitura do art. 804 do projeto de Teixeira de Freitas de Código Civil, encontramos o imperativo que manda avaliar o prejuízo da coisa pelo seu preço de *afeição*. O preço de *afeição* esta ligado aos sentimentos subjetivos de cada pessoa, não podendo ser, portanto, enquadrado dentro da categoria dos direitos reais ou patrimoniais.

No evoluir da doutrina e da jurisprudência nacional, surge então, o já por nós citado, Código Civil, que entra em vigor no ano de 1917. Do corpo do mencionado diploma legal, podemos extrair os seguintes artigos que tratam direta e indiretamente do instituto do dano moral:

"Art. 159. *Aquele que, por ação ou omissão voluntária, negligência, ou imprudência violar direito, ou causar prejuízo a outrem, fica obrigado a reparar o dano.*"

"Art. 1.536. *Para liquidar a importância de uma prestação não cumprida, que tenha valor oficial no lugar da execução, torna-se-á o meio termo do preço, ou da taxa, entre a data do vencimento e a do pagamento, adicionado-lhe os juros de mora.*"

"Art. 1.537. *A indenização, no caso de homicídio, consiste*:
I. *no pagamento das despesas com o tratamento da vítima, seu funeral e o luto da família.*
II. *na prestação de alimentos às pessoas a quem o defunto os devia.*"

"Art. 1.538. *No caso de ferimento ou outra pessoa à saúde, o ofensor indenizará o ofendido das despesas do tratamento e dos lucros cessantes até ao fim da convalescença, além de lhe pagar a importância da multa no grau médio da pena criminal correspondente.*

---

183   **apud.** Ávio Brasil. *Op. Cit.*, 1944, p. 56.

§ 1º. *Esta soma será duplicada, se do ferimento resultar aleijão ou deformidade.*

§ 2º. *Se o ofendido, aleijado ou deformado, for mulher solteira ou viúva, ainda capaz de casar, a indenização consistirá em dotá-la, segundo as posses do ofensor, as circunstancias do ofendido e a gravidade do defeito."*

"Art. 1.539. *Se da defesa resultar defeito, pelo qual o ofendido não possa exercer o seu ofício ou profissão, ou se lhe diminua o valor do trabalho, a indenização, além das despesas do tratamento e lucros cessantes até o fim da convalescença, incluirá uma pensão correspondente à importância do trabalho, para que se inabilitou, ou da depreciação que ele sofreu."*

" Art. 1.540. *As disposições precedentes se aplicam ainda ao caso em que a morte, ou lesão, resulte de ato considerado crime justificável, se não foi perpetrado pelo ofensor em repulsa de agressão do ofendido."*

"Art. 1.543. *Para se restituir o equivalente, quando não exista a própria coisa (art. 1541), estimar-se-á ela pelo seu preço ordinário e pelo de afeição, contudo que este não se avantaje àquele."*

"Art. 1.547. *A indenização por injúria ou calúnia consistirá na reparação do dano que lhe resulte o ofendido.*
§ único - *Se este não puder provar prejuízo material, pagar-lhe-á o ofensor o dobro da multa no grau máximo da pena criminal respectiva ( art. 1550)."*

"Art. 1.548. *A mulher agravada em sua honra tem direito a exigir do ofensor, se este não puder ou não quiser reparar o mal pelo casamento, um dote correspondente à sua própria condição e estado:*

    I. *Se, virgem e menor, For deflorada;*
    II. *Se, mulher honesta, for violentada, ou aterrada por ameaças;*
    III. *Se for seduzida com promessas de casamento;*
    IV. *Se for raptada.*

"Art. 1.549. *Nos demais crimes de violência sexual, ou ultraje ao pudor, arbitrar-se-á judicialmente a indenização.*"

"Art. 1.550. *A indenização por ofensa à liberdade pessoal consistira no pagamento das perdas e danos que sobrevierem ao ofendido, e no de uma soma calculada nos termos do parágrafo único do art. 1.547.*"

"Art. 1.551. *Consideram-se ofensivos da liberdade pessoal* (art. 1.550):
I - *O cárcere privado;*
II - *A prisão por queixa ou denúncia falsa e de má fé;*
III - *A prisão ilegal* ( art. 1.552 )."

"Art. 1.522. *No caso do artigo antecedente, n. III, só a autoridade, que ordenou a prisão, é obrigada a ressarcir o dano.*

"Art. 1.553. *Nos casos não previstos neste capítulo, se fixará por arbitramento a indenização.*"

Vale um breve comentário no que se refere ao artigo 159 do Código Civil, acima transcrito, pelo fato de que o mesmo traz em sua redação, com acentuada influência do art. 1.382 do Código Napoleônico, o princípio geral da *responsabilidade civil*, que impõe a quem causar o dano a outrem, o dever de reparar.

SILVIO RODRIGUES, tecendo algumas críticas à redação do mencionado artigo, entende que seria melhor que o preceito não usasse a expressão *violar direito*, na medida em que há hipóteses em que a lei ordena a reparação do dano causado à vítima, ainda quando o comportamento da pessoa obrigado a repará-lo não envolve a violação da lei, como nos casos de acidentes de trabalho, devendo seguir mais de perto a redação dada ao código francês, em seu art. 1.382. Lembra ainda o citado autor que pode ocorrer a violação de um direito sem que daí decorra algum prejuízo[184]

No desdobramento do art. 151 do Código Civil brasileiro de 1916/17, SILVIO RODRIGUES aponta para os pressupostos da *responsabilidade civil*, requerendo do agente a *ação ou omissão*, a *culpa, relação de causalidade* e o *dano experimentado pela vítima*.

---

184  RODRIGUES, Silvio. *Op. Cit.*, 1989, pp. 13-14.

Acerca da *ação ou omissão do agente*, no que se refere à sua responsabilidade, segundo SILVIO RODRIGUES "pode defluir de ato próprio, de ato de terceiro que esteja sob a responsabilidade do agente, e ainda de danos causados por coisas que estejam sob a guarda deste,"[185] ressaltando ainda que

> o ato do agente causador do dano impõe-lhe o dever de reparar não só quando há, de sua parte, infringência a um dever legal, portanto ato praticado contra direito, quando também, embora sem infringir a lei, foge da finalidade social a que ele se destina[186].

Ou seja, são atos praticados que não infringe diretamente o direito, mas não são apropriados os fins socialmente por ele almejado. "São atos praticados com o abuso de direito, e se o comportamento abusivo do agente causar dano a outrem, a obrigação de reparar, imposta àquele, se apresenta inescondível."[187]

Quanto à *culpa do agente*, destaca os elementos da *negligência, imprudência* e da *imperícia*, afirmando que "aquele que age com imprudência, negligência em tomar as medidas de precaução aconselhadas para a situação em foco; como também, a pessoa que se propõe a realizar uma tarefa que requer conhecimentos especializados ou alguma habilitação e a executa sem aquelas ou estas, [...] negligenciou em obedecer às regras de sua profissão e arte", agindo culposamente[188].

SILVIO RODRIGUES examina as hipóteses em que o dano causado sem que o agente tenha agido com culpa, deve ser reparado - apesar de a culpa ser a ideia central e informadora da responsabilidade civil, quando infringido conduta legal, social ou moral.

Em tese, não havendo culpa não há responsabilidade, tal qual ocorria com os romanos na *Lex Aquilia*, onde a ausência de culpa exonerava a responsabilidade do agente. No entanto, com o desenvolvimento industrial e tecnológico, multiplicaram-se os acidentes advindos das relações entre o homem e a máquina, seja no trânsito, seja nas atividades laborais. Todos esses aspectos levaram alguns estudiosos do direito a defender a necessidade de proporcionar às vítimas um meio de se ressarcirem dos prejuízos experimentados, com base

---

185 RODRIGUES, Silvio. *Op. Cit.*, 1989, pp. 14-15.
186 **Idem**
187 **Ibidem.**
188 RODRIGUES, Silvio. *Op. Cit.*, 1989, pp. 16-17.

nas *presunções de responsabilidade*, e, fundamentados na *teoria do risco*,[189] inspirada na ideia de que o elemento da culpa é desnecessário para caracterizar a responsabilidade.[190] Para que se motive a obrigação de pagar, faz-se necessário um liame entre a ação ou omissão culposa do agente e o dano eventualmente ocasionado. Nesse sentido devem ser examinados os excludentes da responsabilidade. Não havendo culpa do agente no dano resultado, mas de sim de situações fortuitas, não havendo relação de causalidade entre os dois eventos, não surgirá a obrigação de indenizar.[191]

E, finalmente, o pressuposto do *dano experimentado pela vítima*, onde somente se verifica a responsabilidade se houver o dano. Do contrário, não há que se falar em reparação por responsabilidade civil.

Todos os outros preceitos do Código Civil Brasileiro de 1917, que trataram das questões que envolvem a reparabilidade por dano, seja ele material ou moral, estavam adstritos a estes pressupostos, acima examinados. No referido Diploma podemos citar os seguintes artigos que de forma direto ou indireta tratavam da matéria: art. 76, sobre o interesse moral que autoriza a propositiva da ação e, no parágrafo único, a legitimidade das partes; art. 1538, sobre os lucros cessantes, multa no grau médio da pena criminal; no parágrafo primeiro sobre a duplicação da pena, quando agravada pelo aleijão ou deformidade e, no parágrafo segundo, sobre a equidade do dote no caso de mulher solteira; art. 1543, que a estimativa do valor do bem não tenha o preço ordinário sobrepujado pelo preço afetivo; art. 1542, sobre o arbitramento judicial da indenização; art. 1550, sobre o cálculo da indenização; perdas e danos; art. 1553, sobre a fixação da indenização por arbitramento.

A partir destas origens e fundamentos jurídicos que a questão do dano moral, no universo jurídico brasileiro se construiu e se sedimentou cujos pressupostos da responsabilidade civil, hoje, formam apenas uma base de partida para tão ampla discussão que hodiernamente se apresenta em torno dos direitos da personalidade.

---

189  A **teoria do risco** se desenvolveu no século XIX, por ocasião do desenvolvimento industrial, onde na reparação por dano, o acidentado deveria provar a culpa do patrão. de maneira que aquele que se propõem em um empreendimento que possa a vir a causar dano a alguém deve assumir os riscos, deixando a culpa de ser o fator preponderante para a imputação da responsabilidade pelo dano.
190  RODRIGUES, Silvio. *Op. Cit.*, 1989, pp. 158 e ss.
191  RODRIGUES, Silvio. *Op. Cit.*, 1989, p. 18.

O Atual Código Civil Brasileiro, instituído pela Lei 10.406 de 10 de janeiro de 2002, afinado com o atual texto constitucional referiu-se ao dano moral no art. 186, estabelecendo o seguinte: *Aquele que, por ação ou omissão voluntária, negligência ou imprudência violar direito e causar dano a outrem, ainda que exclusivamente moral, comete ato ilícito.* E no art. 927 do mesmo diploma encontramos a obrigação de reparar o dano nos seguintes termos: *Aquele que, por ato ilícito, causar dano a outrem, fica obrigado a repará-lo.*

Na verdade o CCB confirmou o que já era reconhecido pela jurisprudência pátria, sacramentando o que a Constituição de 1988 já havia posto como norma fundamental. Destaca-se o cunho punitivo do referido dispositivo.[192]

---

192 VENOSA, Sílvio de Salvo. Direito Civil, V. IV, São Paulo: Atlas, 2004, p. 41.

# CAPÍTULO III

## 3.1. CONCEITO DE DANO MORAL

O dano é um dos elementos necessários à configuração da responsabilidade civil. O dano em sentido *lato* é a lesão de um interesse. No entanto, salienta CARNELUTTI que o Direito insurge-se contra lesões, que de acordo com a ordem jurídica, devem ser evitas ou sanadas. A ordem jurídica resguarda os interesses contra o dano antijurídico.[193]

O dano que importa ao âmbito da tutela jurídica é aquele passível de indenização, devendo-se atentar para sua divisão entre danos patrimoniais e danos morais, imateriais ou não patrimoniais, devendo-se levar em consideração, todavia, que tal distinção somente diz respeito aos seus efeitos, e não à índole do dano, este, único e indivisível.[194]

Contudo, o Direito comum nem sempre aceitou essa divisão entre patrimonial e moral, entendendo apenas os de índole patrimonial, como passíveis de reparabilidade. No entanto, hoje já é passível a aceitação da expressão dano tanto para referir-se aos prejuízos materiais, como também os de índole moral. Aliás, no Evangelho de S. Mateus, 16, 26 lê-se "dano da alma". O Código germânico prussiano (I, 6, § 1º) definia o *dano* como "a lesão ou ofensa que o homem sofre no seu corpo, liberdade, honra ou patrimônio."[195]

FISCHER no que se refere aos danos não patrimoniais, em suas definições, escreve que quando malevolamente se põe em perigo a integralidade corpórea e a vida, se ofende a honra ou o sentimento de piedade do indivíduo, o nosso sentimento de justo não se satisfaz com a simples reparação natural dos prejuízos materiais, pois é também dano a injúria sofrida pelo sujeito do patrimônio, que não apenas a lesão experimentada pelo próprio patrimônio.[196]

---

[193] CARNELUTTI, F. **Il danno e il reato.** Pádua: 1930, p. 17; ROMANO, S. **le riparazioni non pecuniarie nel diritto privato**, Perugia, 1929; MARGHI. **Il risarcimento del danno morale sec. il dir. romano.** Roma1904.

[194] DIAS, José de Aguiar. **Da responsabilidade civil.** 6. ed. Vol.II, Rio de Janeiro: Forense, 1979, p. 397. nota 1282.

[195] FISCHER. Hans Albrecht. **A reparação dos danos no direito civil.** São Paulo: Livraria Acadêmica Saraiva & C.ª - Editores, 1938, p. 9, nota 5.

[196] FISCHER. Hans Albrecht. **A reparação dos danos no direito civil.** São Paulo: Livraria Acadêmica Saraiva & C.ª - Editores, 1938, p. 234.

Na definição de SAVATIER *dano moral* é todo sofrimento não resultante de uma perda pecuniária, sendo possível reclamá-lo por um sofrimento físico - o *pretium doloris* - e, também no sofrimento de uma dor moral, quando o indivíduo é ferido em sua reputação, em sua legítima autoridade, em seu pudor, em sua segurança e tranquilidade, em seu amor próprio, em sua integralidade e inteligência, em suas afeições e sentimentos.[197]

ALFREDO ORGAZ, ao buscar um conceito para o *dano moral*, atenta para a dificuldade de se chegar a um conceito exato e delimitado, visto ser esta temática uma das mais confusas nos tribunais e entre os juristas. Cita MINNOZZI, que em seu *Studio Sul Danno Nom Patrimoniale*, já observava que o conceito de *dano moral* encontrava-se obscurecido e impreciso na doutrina e na jurisprudência, seja porque não se o definia, seja porque as definições incorriam em contradições ao serem aplicadas na prática.[198]

Na busca de uma definição precisa, ORGAZ parte de algumas distinções entre o dano material e o dano não patrimonial. Conforme ORGAZ, para uma parte da doutrina, representada por nomes como LALOU e MAZEAUD, tanto o dano material como o dano imaterial dependem diretamente da natureza dos direitos lesionados: se o ato ilícito atingiu um direito patrimonial, o dano é patrimonial; se lesionou um direito não patrimonial, o dano é moral. De maneira que os ataques à integridade corporal ou à saúde das pessoas - que se indicam como direitos não patrimoniais -, produzirão, sempre, exclusivamente danos morais.

Segundo ORGAZ, a lesão a um direito ou determinado bem jurídico não pode produzir ambas as classes de danos, mas somente, de um só modo, que correspondam à natureza patrimonial ou não, do respectivo Direito. Para os autores dessa orientação, somente cabe a distinção acessória, que se formula da seguinte maneira: se a lesão ao direito não patrimonial determina algumas alterações no patrimônio, se diz que há dano moral com repercussão sobre o patrimônio; no caso contrário, tem-se o dano moral "puro". Ressalta ORGAZ, que os autores que seguem esta orientação falam em dano em sentido amplo de *iniuria*.[199]

---

197 SAVATIER, René. **Traité de la responsabilité civile en droit français: civil, administratif, professionnel, procédural**. Tome II, Paris: Librarie Générale de Droit et de Jurisprudence, 1951, p. 92.
198 ORGAZ, Alfredo. **El dano resarcible - actos ilícitos**. Buenos Aires: Editorial Bibliográfica Argentina, 1952, p. 221.
199 Idem, 1952, p. 222-223.

A outra corrente teórica, apresentada por ORGAZ, representada por juristas como DEMOGUE e PLANIOL, não funda tal distinção sobre a índole dos direitos afetados, mas sim sobre os resultados ou consequências da ação antijurídica: se esta ocasiona uma diminuição no patrimônio, seja em sua existência atual, seja em suas responsabilidades futuras, se tem dano material ou patrimonial, qualquer que seja sua natureza, patrimonial ou não, do direito lesionado; e se nenhum efeito tem sobre o patrimônio, mas faz sofrer a pessoa em seus interesses morais tutelados pela lei, há o dano moral e não o patrimonial. ORGAZ filia-se a esta segunda corrente doutrinária, na medida em que

> *toma como base el concepto especial de 'daño', que és el único que interessa los fines del ressarcimento. Realmente, si lo que se quiere classificar es el daño resarcible, no hay por qué atender a la naturaleza de los derechos lesionados, sino al daño em sí mismo, esto es, a los efectos o consecuencias de la lesión*[200].

Temos assim, o dano tomado em seus efeitos, não importando a sua índole, ou seja, se os seus efeitos aviltam o patrimônio, o dano é patrimonial; se aviltam coisas ou bens imateriais, o dano é moral. Tudo dependerá dos efeitos e consequências da lesão. Mas na evolução doutrinária nem sempre foi assim.

SALAZAR, partindo da noção de dano, em sentido amplo, escreve que

> toda e qualquer subtração ou diminuição imposta ao complexo de nossos bens, das utilidades que formam ou propiciam nosso bem estar; tudo o que, em suma, nos suprime uma utilidade, um motivo de prazer ou nos impõe um sofrimento é dano, tomada a palavra na sua significação genérica[201].

Todavia, adverte que para a esfera do direito o dano tem uma compreensão mais reduzida: "é a ofensa ou lesão dos bens ou interesses suscetíveis de proteção jurídica."[202]

Examinado a diferenciação entre bens patrimoniais e não patrimoniais, SALAZAR, admite que o Direito protege uns e outros, como *utilidade* que servem ao desenvolvimento da atividade humana, es-

---
200  **Ibidem**, 1952, p. 223.
201  SALAZAR, Alcino de Paula. **Reparação do dano moral**. Rio de Janeiro: 1943, p. 125.
202  **Idem**, 1943, p. 125.

clarecendo que a ofensa ou violação dos bens não patrimoniais é que constituí o *dano moral*, mais propriamente chamada, segundo o citado autor de dano *não patrimonial*. "A não patrimonialidade é, assim, o característico do dano moral." Para SALAZAR, "o que se prejudica e se abala é o estado *moral* da pessoa, nos seus direitos fundamentais, primários, naturais, [...] nos seus sentimentos íntimos, na sua paz de espírito, em fim, no seu bem estar"[203] e conclui: "O conceito de dano moral excluí, pois, a ideia de prejuízo econômico."[204]

ORLANDO GOMES, na diferenciação entre o *dano material* e *dano imaterial*, escreve:

> Há dano material quando o patrimônio do prejudicado é atingido seja porque diminuiu, seja porque fica impossibilitado de aumentar. O dano é *imaterial* quando se verifica em bem jurídico insuscetível de apreciação econômica, como, por exemplo, quando são lesados direitos personalíssimos. Usa-se, entre nós, de preferência, a expressão *dano moral*. Com esta espécie de dano, não se devem confundir os danos materiais provenientes de uma lesão a bens extrapatrimoniais, produzindo-se, pois, de modo indireto ou mediato. A indenização do *dano moral* propriamente dito não está admitida em todas as legislações e é doutrinariamente controvertida. Quanto aos efeitos patrimoniais do *dano moral*, é indiscutível[205].

AFRANIO LYRA, partindo de premissas lógicas, contrapõe-se a designação de dano moral como sendo um dano extrapatrimonial, dizendo que

> comumente se designa o dano moral como dano extrapatrimonial. [...] Se se entende que a expressão patrimônio moral não constitui simples figura de retórica, então não se pode aceitar constitua o dano moral um dano extrapatrimonial[206].

Conforme ainda o entendimento de AFRANIO LYRA, o homem possui tanto um patrimônio material como também um patrimônio moral, sendo que a distinção deve ser feita adequadamente pelas expressões *dano moral* e *dano material,* consistindo em dano moral,

---

203   **Ibidem**, 1943, p. 126.
204   **Ibidem**, 1943, p.127.
205   GOMES, Orlando. **Obrigações**. Rio de Janeiro: Forense, 1972, pp. 60-61.
206   LYRA, Afranio. **Responsabilidade civil**. Bahia: 1977, p. 101.

aqueles ocasionados aos sentimentos, à reputação, à honra, à integridade moral do indivíduo. AFRANIO LYRA defende a posição de que não será necessário, para que se configure o dano moral, que a ofensa repercuta no patrimônio material do lesado.[207]

WILSON MELO DA SILVA, apontando as divergências que ocorrem na busca de uma delimitação do conceito de dano moral, diz que tais divergências começam já na utilização da terminologia. Muitos utilizam a expressão *prejuízos morais* (JAIME AUGUSTO CARDOSO DE GOUVEIA) por entendê-la mais precisa que a própria locução *perdas e danos*. Em França, muito utilizada é a expressão *préjudice moral* (HENRI MAZEAUD, GANOT, MENTELET ), embora, se fale também em *dommage moral*, aliás, expressão adotada pelo próprio Código Civil francês. Na Itália (GABBA, CHIRONI, COVIELLO) adotaram a expressão *dano moral*, enquanto que MINOZZI fala em *danno non patrimoniale*.[208]

Tais divergências prosseguem, segundo WILSON MELO DA SILVA, quando da fundamentação desses direitos. "Para uns, o fundamento da irreparabilidade, estaria em que o dano, em direito, sempre se deve entender como se referindo a uma diminuição do patrimônio econômico-material,"[209] Faltando-lhes, então, ao dano moral, a possibilidade de conversão em valor econômico. "Embora existentes, faltariam aos danos morais meios de promover o ressarcimento da lesão e, por isso, o problema seria considerado mais da moral do que do direito propriamente dito."[210]

Outros, como VIDARI, entendia que as dores morais ou físicas dão direitos ao ressarcimento pelas consequências negativas que possam determinar na capacidade econômico-financeira da pessoa lesada.[211]

WILSON MELO DA SILVA também menciona sobre aqueles que buscavam harmonizar correntes e tendências antagônicas, os chamados *ecléticos*, que buscava criar a doutrina da reparação dos danos morais indiretos.

RIPERT afirma que o direito na sua parte mais técnica, é dominado pela lei moral. É na parte do direito à obrigação civil que procura o valor atual da regra moral. A lesão é apresentada como a questão de maior gravidade, no que se refere às relações entre direito e moral. A regra moral pode desempenhar papel normativo, mas a doutrina inda-

---

207  **Idem**, 1977, p. 102.
208  SILVA, Wilson Melo da. *Op. Cit.*, 1955, p. 12 e ss.
209  **Idem**, 1955, p. 14.
210  **Ibidem**, 1955, p. 15
211  VIDARI, **Diritto Commerciale**, 1. ed. Vol. IV, Milão: 1890, p. 650, nota 01. **Apud.** SILVA, Wilson Melo da. *Op. Cit.*, 1955, p. 16.

ga até que ponto os deveres morais podem chegar à vida jurídica. O dever de não prejudicar outrem está relacionado com a responsabilidade civil. Vamos encontrar a regra de moral elementar no *neminem laedere*, como princípio geral da responsabilidade estabelecida no artigo 1.382 do Código Civil francês com sua expressão e sanção.[212]

Há uma série de casos em que o prejuízo material e o prejuízo moral estão confundidos, quando o prejuízo moral se traduz por uma diminuição atual ou futura de patrimônio. Essa mesma confusão ocorre quando há prejuízos corporais que trazem consigo ao mesmo tempo um sofrimento físico e consequente incapacidade de trabalho, fornecendo como exemplo, a difamação dirigida contra um comerciante que prejudica ao mesmo tempo a sua reputação e o seu trabalho às necessidades da família. Nessas hipóteses, conforme RIPERT, por se tornar impossível a avaliação exata dos prejuízos, os juízes aumentando a indenização que tinham estipulado só pela perda material, tem em conta o prejuízo moral. Mas a dificuldade torna-se maior nos casos em que o prejuízo pecuniário não existe, quando, por exemplo, é atingida a feição de uma mulher ou dum filho, ataques às convicções religiosas, injúrias sem consequência alguma para a reputação.[213]

Nota-se que a expressão mais correta é *dano moral*, de onde advém, por via de consequência, prejuízos não patrimoniais, imateriais ou ideais, que segundo WISON MELO DA SILVA são

> lesões sofridas pelo sujeito físico ou pessoa natural de direito em seu patrimônio ideal, entendendo-se por patrimônio ideal, em contraposição a patrimônio material, o conjunto de tudo aquilo que não seja susceptível de valor econômico. [...] Danos morais, pois, seriam, exemplificadamente, os decorrentes das ofensas à honra, ao decoro, à paz interior de cada qual, às crenças íntimas, aos sentimentos efetivos de qualquer espécie, à liberdade, à vida, à integridade corporal[214].

Para SÍLVIO VENOSA dano moral é o prejuízo que afeta o ânimo psíquico, moral e intelectual da vítima. Liga-se ao imponderável.[215]

Essa conceituação é sem dúvida a mais correta, sendo largamente aceita pelos doutrinadores contemporâneos e também pela jurispru-

---

212 RIPERT, Georges. **A regra moral nas obrigações civis.** São Paulo; Saraiva, 1937.
213 **Apud.** BRASIL, Ávio. *Op. Cit.*, 1944, p. 31.
214 **Ibidem**, 1955, p. 11.
215 VENOSA, Sílvio de Salvo. Direito civil. V. IV, São Paulo: Atlas, 2004, p. 39

dência dos nossos pretórios, evoluindo para *direitos da personalidade*, porque "somente o homem é capaz de edificar o seu patrimônio ideal, criando conceitos e valores, em razão da sua estrutura íntima de natureza racional e espiritual."[216]

Nessa linha, CLAYTON REIS fala em *patrimônio desmaterializado* e diante dessa definição, conclui dizendo que "Encontramo-nos, assim, diante de um vasto e complexo campo de indagações, visto que são infindáveis os limites da personalidade humana, objeto, no caso, da tutela do direito."[217]

Notamos que o dano moral é todo ato que possa atingir o patrimônio ideal de uma pessoa, patrimônio esse que se caracteriza como pilares de sustentação da personalidade humana, inserindo-se nesse patrimônio a ética, a moral, a honra, a paz espiritual, a saúde física e mental. "Representa a defesa dos direitos do espírito humano e dos valores que compõem a personalidade do *homo sapiens*."[218]

É nesse sentido, mais amplo, que os danos morais, inserem-se na categoria dos direitos da personalidade, que por sua vez abrangerá também as pessoas jurídicas, atribuídos a ela direitos à marca, aos seus símbolos distintivos e à própria imagem e bom nome.

BITTAR e BITTAR FILHO classificando os direitos da personalidade em físicos, aqueles referentes a elementos materiais da estrutura humana (integridade corporal); psíquicos, relativos a componentes intrínsecos da personalidade (integridade psíquica) e morais, respeitantes a atributos valorativos da pessoa na sociedade (patrimônio moral)[219], considera então *direitos da personalidade*, não só aqueles que resguardam a pessoa em si mesma, mas também em suas projeções na sociedade[220].

Ressaltam, desse modo, BITTAR e BITTAR FILHO que a mencionada classificação afina-se perfeitamente com os direitos da personalidade, destacando:

> de início, os dotes físicos da pessoa, *id est*, sua conformação física ( elementos extrínsecos da personalidade); em seguida, volta-se para o interior da pessoa, trazendo à baila os atributos

---

216 REIS, Clayton. **Dano moral**. 4. ed. Rio de Janeiro, 1997, p. 76.
217 **Idem**, 1997, pp. 06-07.
218 **Ibidem**, 1997, p. 07.
219 BITTAR, Carlos Alberto. **Os direitos da personalidade**. Rio de Janeiro, 1989, pp. 62-64.
220 BITTAR, Carlos Auberto & BITTAR, Carlos Alberto Filho. **Tutela dos direitos da personalidade e dos direitos autorais nas atividades empresariais.**, São Paulo: Editora Revista dos Tribunais, 1993, p. 11.

da inteligência ou do sentimento ( elementos intrínsecos da personalidade); por fim, revela os sentimentos da pessoa em sua conceituação pela coletividade.

São físicos os direitos à vida, à integridade física (higidez corpórea), ao corpo, à partes do corpo (próprio e alheio), ao cadáver e as partes, à imagem ( efígie ) e à vos ( emanação natural ); são psíquicos os direitos à liberdade ( de pensamento, expressão, culto etc. ), à intimidade ( estar só, privacidade, ou reserva ), à integridade psíquica ( incolumidade da mente ) e ao segredo ( inclusive profissional ); são morais os direitos à identidade ( nome e outros sinais individualizadores ), à honra ( reputação ) - objetiva ( prestígio ) e subjetiva ( sentimento individual do próprio valor social ) - ao respeito à dignidade e ao decoro e às criações intelectuais.[221]

Entende-se tal classificação como elementos que compõem a personalidade em sua totalidade, leva-nos a afirmação de que qualquer ato ou ação que venha aviltar um daqueles elementos, por via de consequência advirá uma dor n'alma do indivíduo.

As noções de "dano" ou "danos morais" vêm precedidas da compreensão da responsabilidade civil, sua noção e espécies, bem como a evolução da responsabilidade civil e seu fundamento, culpa e desconsideração da culpa, dever de reparação do dano e dever de indenizar em casos de exclusão de ilicitude.

A responsabilidade civil decorre dos fatos ilícitos absolutos, passando a ser encarada como uma categoria geral. Em sentido estrito é entendida como a responsabilidade extranegocial ou aquiliana. A responsabilidade negocial é espécie do gênero responsabilidade civil, sendo por alguns, incluída no exame das consequências da inexecução das obrigações. Os estudos em torno da matéria têm apresentado as seguintes categorias de responsabilidade civil: responsabilidade civil com culpa, responsabilidade civil transubjetiva e responsabilidade civil objetiva.

No que se refere aos pressupostos da responsabilidade civil surgem os seguintes aspectos: dano; contrariedade a direito; imputabilidade; nexo de causalidade.

O dano, geralmente, está presente na configuração da responsabilidade civil, como elemento complementar de seu suporte fático. Propicia dano o ato ilícito absoluto; o ato - fato ilícito absoluto e o

---

[221] Idem, 1993, p. 11.

fato absoluto. São absolutos no sentido que violam a obrigação que se opõe a todos que não lesam ninguém (*neninem laedere*).

O dano moral relaciona-se com a esfera da eticidade da pessoa ofendida, sendo que a reparação por dano moral está explícita na Constituição, nos incisos V e X, do art. 5°, principalmente mo que se refere à lesão dos direitos da personalidade: intimidade, vida privada, honra e imagem.

O crescimento das preocupações em torno do dano tem gerado diversas especulações acerca do que a doutrina denomina de "direito de danos" (derecho de danõs). Danos ao direito da personalidade, do direito à intimidade, danos causados pela publicação de notícias, dano moral e a pessoa jurídica e dano coletivo.

Esses estudos apontam que a teoria da responsabilidade civil passa por uma fase de revisão em todo o direito comparado, principalmente em suas funções e fundamentos. As finalidades que caracterizam o instituto e as bases que lhe são atribuídas estão intimamente relacionadas. As interpretações jurídicas do direito dos danos, para atender a transformações sociais, econômicas, técnicas e jurídicas são constantes. A evolução do sistema de responsabilidade é examinada em diversas perspectivas: a) Os danos causados pelo homem; b) A revolução industrial, as coisas como elemento produtivos de dano; c) Os danos da "era tecnológica". O direito do dano não tem, nem sempre, características definidas, devido a aceleração dos fenômenos técnicos. ANDRÉ TUNC refere-se à situação patológica da responsabilidade civil nos países industrializados, com o aumento dos danos ressarcíveis.[222]

A teoria brasileira tem, atualmente, revelado grandes preocupações com o dano moral, a partir de sua reparação: "O direito ao ressarcimento do dano gerado por ato ilícito, funda-se no tríplice requisito do prejuízo, do ato culposo do agente e do nexo causal entre o referido ato e o resultado lesivo."[223]

Neste sentido a doutrina realça que um dos pressupostos da responsabilidade civil é a existência de dano indenizável, nas seguintes modalidades: a) Dano emergente e lucro cessante; b) Dano patrimonial e dano moral;[224]

---

222 Obra coletiva. Félix A. Trigo Represas & Rubén S Stiglitz ( Org. ) **Derecho de daños**. Primeira Parte. Buenos Aires: Ediciones la Rocca, 2000; TUNC, André. **La responsabilité civile.** Paris: Etudes juridiques Comparatives, 1981.
223 SANTINI, José Raffaelli. **Dono moral: doutrina, jurisprudência e prática.** São Paulo: LED Editora de Direito, 1997, p. 27.
224 REMÉDIO, José Antônio [ et al ]... **Dano moral: doutrina, jurisprudência e legislação.** São Paulo: Editora Saraiva, 2000, p. 17-18.

LIMONGI FRANÇA realiza uma classificação de dano, com base em oito critérios: a) quanto à modalidade: dano emergente e lucro cessante; b) quanto à atualidade: dano atual e dano potencial; c) quanto à efetividade: dano efetivo e dano presumido; d) quanto à espécie da lesão: por ato ilícito civil e por ato ilícito criminal; e) quanto ao agente: dano em razão do fato do sujeito, dano em razão do fato de outrem e dano em razão do fato de coisa; f) quanto ao nexo causal: dano direito e dano indireto; g) quanto ao objeto: dano patrimonial (em sentido estrito) e dano moral; h) misto (quanto ao nexo causal e o objeto): dano patrimonial (direito e indireto) e dano moral (direto e indireto).[225]

Em assim sendo, qualquer dano infligido àqueles elementos descritos pelos citados autores, remeterão, sempre, para as dimensões do dano moral, em um sentido mais específico. Ou seja, qualquer prejuízo ocasionado à personalidade do homem, incorre nas hipóteses dos ditos danos morais, porque a moral é informadora da própria personalidade. Os danos morais se inserem nos direitos da personalidade, ao mesmo tempo em que os incorporam. Daí a sua mesma índole.

## 3.2. A REPARAÇÃO DOS DANOS MORAIS E SEUS FUNDAMENTOS JURÍDICOS

Grandes dificuldades encontram os nossos tribunais na questão da reparabilidade dos danos morais, devido à sua natureza, tornando muito difícil uma reparação na base de equivalências econômicas. Historicamente, na impossibilidade de se apurar com exatidão a amplitude desses prejuízos, mandava-se dar determinada importância em dinheiro, ou mesmo deixava-se sem reparo, devido dificuldades de se equacionar uma equivalência entre lesão e reparabilidade.

Conforme indica a terminologia usada por MATIELO, a controvertida questão da reparabilidade dos danos morais tomou três caminhos: *não indenizabilidade, indenizabilidade condicionada e indenizabilidade ampla.*[226]

---

225 FRANÇA, R. Limonge. **Reparação do dano moral**. Rt 631/30; GONÇALVES, Carlos Roberto. **Responsabilidade civil.** 6ª ed., São Paulo: Saraiva, 1995.
226 MATIELO, Fabrício Zamprogna. **Dano moral, dano material e reparação.** 2. ed. Porto Alegre: SAGRA-DC LUZZATTO Editores, 1995, pp. 49 e ss.; SCHOMBLUM, Paulo Maximilian. **Dano Moral: questões controvertidas**. Rio de Janeiro: Forense, 2000; SANTOS, Antônio Geová dos. **Dano moral indenizável**. 2ª ed., São Paulo: Lejus, 1999.

Aqueles adeptos à corrente doutrinária que defendiam que os danos morais não eram reparáveis argumentava-se que não havia a possibilidade de conversão em um *quantum* econômico, nas hipóteses de prejuízo moral.

> Assim, não se chegava nunca, a uma positivação, a uma concretização, mais ou menos aproximada - ao menos - das parcelas monetárias que deveriam servir de cobertura ao chamado prejuízo moral. E quando se despertou para a realidade, muitos se espantaram, achando impossível a solução e diziam que 'os danos morais não são indenizáveis'[227].

Fundamentados no argumento de que não se pode avaliar a dor economicamente, ou mesmo na impossibilidade de abrandá-la através de uma quantia em dinheiro, aqueles que assim reivindicassem, estariam aviltando o próprio senso de moralidade, na medida em que estariam comercializando a própria dor. "Não se podia transformar em dinheiro um sentimento naturalmente insuscetível de pagamento, incluindo no mesmo rol da alegria, do amor, da saudade etc."[228]

Desse modo, para os intransigentes, a condição da reparabilidade encontra-se na hipótese da ocorrência de um determinado dano, e, este somente é possível, em se verificando uma diminuição patrimonial.

No universo jurídico brasileiro, encontramos como representante dessa tendência, SÁ PEREIRA, que em um dos acórdãos em que foi relator, na antiga Corte de Apelação do Distrito, publicado no livro "Decisões e Julgados", contestou a teoria da reparabilidade no nosso ordenamento jurídico, dizendo que qualquer dos dispositivos do Código Civil de 1917 continha a regra da reparação do dano moral, argumentando que "subentendida ou clara, não em todo ele, conclui, uma só palavra sobre o dano moral".[229] Na mesma linha o MINISTRO COSTA MANSO e CARVALHO SANTOS. Para este último, em face do Código Civil de 1917, a questão apresentava alguma dificuldade, principalmente em razão da referência feita ao interesse moral, no seu art. 76 ( *para propor, ou contestar ação, é necessário ter legítimo interesse econômico, ou moral* ). Mas, não obstante a isso, argumentava, no sistema do Código brasileiro anterior, o dano puramente moral não

---

227 BRASIL, Ávio. **O dano moral, no direito brasileiro.** Rio de Janeiro: Livraria Jacinto editora, 1944, p. 28.
228 MATIELO, Fabrício Zamprogna. *Op. Cit.*, 1995, p. 51.
229 **apud** SALAZAR, Alcino de Paula, *Op. Cit.*, 1943. p. 156.

era indenizável. No mesmo sentido VICENTE DE AZEVEDO, LAUDO DE CAMARGO e JORGE AMERICANO.[230]

Na crítica de WILSON MELO DA SILVA, apoiado em argumentos de Pedro Batista Martins, o modo de pensar dos que se posicionam contrário à tese da reparabilidade dos danos morais, encontra-se impregnada do *rançoso romanismo* clássico, que

> diante das dificuldades novas ou dos novos casos surgidos na vida do direito, tais romanistas procuram, antes do mais, saber como os romanos agiriam esquecidos que milênios separam a civilização dos nossos dias da civilização daqueles povos pretéritos e de que os problemas hoje surgidos oferecem certas nuances jamais sonhadas ou imaginadas pelos homens de Roma[231].

Na superação da teoria negativista, cuja visão era totalmente contrária a reparabilidade do dano moral, a jurisprudência e a doutrina foram evoluindo no sentido de amparar os prejuízos ocasionados nas dimensões da moralidade.

Nessa perspectiva surge então a teoria da *indenazibilidade condicionada* que visava a indenização na hipótese de ocorrer dano material, como consequência ou derivação de uma lesão moral. Para os adeptos da mencionada teoria fazia-se necessário que o patrimônio material fosse objetivamente atingido. Ou seja, o dano moral somente poderia ser reparado quando constatados seus reflexos diretos no patrimônio da vítima, como por exemplo, a difamação de um comerciante, lhe sobrevindo a falência. Desse modo, o prejuízo material seria aferível e indenizável, podendo-se repor pecuniariamente o reflexo material que teve impulso o aviltamento moral.[232]

No exemplo do comerciante, acima exposto, cujo efeito lesivo - depreciação da imagem do comerciante - ocasionou prejuízo patrimonial, leva à consequente indenização, tendo por fundamento a teoria da responsabilidade civil - *obrigação que uma pessoa está incumbida a reparar quando causa prejuízo a outra, por fato próprio, ou por fato de pessoas ou coisas que dela dependam*[233] -, adaptada ao universo dos danos morais.[234] Essa tese encontrou séria resistência na sua aceitação. Criticando essa tendência doutrinária, ÁVIO BRASIL denominará esse entendimento de doutrina incoerente, que não se explica bem:

---

230   **apud** SALAZAR, Alcino de Paula, *Op. Cit.*, 1943, p. 156-157.
231   SILVA, Wilson Melo da. *Op. Cit.*, 1955, p. 340.
232   MATIELO, Fabrício Zamprogna. *Op. Cit.*, 1995, pp. 52-53.
233   SAVATIER, René. *Op. Cit.*, 1951, nº 1.
234   MATIELO, Fabrício Zamprongna. *Op. Cit.*, 1995, p. 53.

> De certo: pretender-se que o *dano moral* já venha por si próprio convertido numa redução do patrimônio econômico, de modo que, só assim se encontre possibilidade de indenização é teoria, sem dúvida, estreitíssima, redundando em inútil a *sua conceituação*. Desde que já ele transformado numa soma que é a representação do quanto foi diminuída a riqueza material de outrem, já se afasta, ao nosso entender, do subjetivismo que constitui, justamente, a parte moral a ser apurada.[235]

No entanto, apesar de aceitar a existência de danos morais, alguns entendiam que somente aqueles positivamente previstos careciam de algum tipo de reparo, determinando certa nuança no entendimento de ressarcibilidade condicionada.

STAMMLER, citado por FISCHER, distinguia entre o dano que unicamente experimenta a pessoa do lesado (a lesão do interesse - afetivo - determinada pela morte, por exemplo, do gato favorito) e a lesão da personalidade alheia ( inflição de dores físicas, ofensas, deformações etc). Segundo STAMMLER, no primeiro caso, trata-se de valorações de importância puramente subjetiva. O lesado, ao alegar o dano, atém-se exclusivamente à sua pessoa. Seria absurdo fixar um equivalente objetivamente avaliável para compensar estas perdas de índole tão somente subjetiva; se a lei impusesse ao juiz, pedir-lhe-ia o impossível.

Conforme asseverava STAMMLER, não acontecia o mesmo com o segundo grupo de lesões da personalidade alheia. Aqui se trata já de danos que por si podem ter existência subjetiva; danos de si não restritos à pessoa que concretamente os sofre, mas que - segundo as regras da experiência comum - seriam considerados tais por qualquer outro indivíduo, prescindindo em absoluto da sensação subjetiva peculiar que a lesão provoque em cada caso concreto.[236]

FISCHER, no combate à tais ilações, argumenta que existem valores afetivos perfeitamente legítimos. Há objetos (recordações dos pais, dos filhos, do esposo) cujo valor só o seu proprietário pode apreciar, legitimando, contudo, a sociedade essa valoração subjetiva. FISCHER levanta a hipótese de um desses objetos serem furtados ao seu possuidor. Todo aquele que considerar o fato objetivamente, terá de concluir que também ele sentira *mutatis mutandis* a perda com a mesma intensidade, embora o objeto só tenha um valor patrimonial in-

---

235 BRASIL, Ávio. *Op. Cit.*, 1944, p. 29.
236 **apud** FISCHER, Hans Albrecht. *Op. Cit.*, 1938, p. 263, nota nº 5.

significante. E não será precisamente isto, questiona FISCHER, o que sucede com as dores e as lesões corporais? A essa indagação, responderá que ninguém é capaz de sentir as dores alheias; o que se pode dizer que nosso sofrimento seria idêntico em circunstâncias idênticas.[237]

Com base no regime do Código Civil alemão, FISCHER escreve que

> o dever de indenizar não surge pelo simples fato de se ter provocado um 'dano moral' qualquer. A lei enumera com precisão, no capitulo relativo aos atos ilícitos, os direitos e bens jurídicos cuja integridade se acha protegida mediante ação de indenização para o caso de serem violados[238].

Com isso, demonstra FISCHER, que o Código Civil germânico delimita o campo dos danos imateriais, não indenizando danos tais como a dor causada aos pais com a morte. Nessa perspectiva de entendimento, FISCHER cita v. LISZT, para quem o dano no ordenamento jurídico germânico somente era passível de indenização quando incidia precisamente sobre um dos bens jurídicos previstos pela regra legal, tão só podendo, por conseguinte, ser havidos como morais aqueles danos que afetarem a integridade corporal ou a saúde, a honra sexual ou a liberdade, "as ofensas causadas a quem quer na sua honra, sentimentos morais ou religiosos etc., não podem nunca servir de base a uma ação de indenização"[239]

Em desacordo, o próprio FISCHER defende que sempre que exista uma causa determinante da obrigação de indenizar por danos imateriais, não é indispensável que o dano recaia sobre o bem jurídico imediatamente atingido, bastando que ele se produza na realidade *por efeito* dela. Princípio esse baseado na lei geral da causalidade.[240]

No Brasil, o Ministro COSTA MANSO entendia que a reparabilidade dos danos morais estavam condicionados aos casos prescritos pelo Código Civil vigente à época. Nesse sentido dizia que estava consagrado pelo Código o sistema de só se atribuir a indenização em casos expressos: o pagamento do valor de afeição de coisas esbulhadas ( art. 1.543 ); o dano causado por certos delitos ( art. 1.538, §§ 1º e 2º); a injúria e a calúnia ( art. 1.547 § ún. ); o atentado à honra da mulher ( art. 1.548 ) e a ofensa à liberdade pessoal ( art. 1.550 ). Se-

---

237  FISCHER, Hans Albrecht. *Op. Cit.*, 1938, p. 263, nota nº 5.
238  Idem, 1938, p. 260.
239  **apud** FISCHER, Hans Albrecht. *Op. Cit.*, 1938, pp. 260-261.
240  FISCHER, Hans Albrecht. *Op. Cit.*, 1938, pp. 260-261.

gundo COSTA MANSO "outros crimes e atos ilícitos são excluídos, ou expressamente, como homicídio (art. 1.537) e a lesão corporal de natureza leve ( art. 1.537 ) ou tacitamente".[241]

Não obstante às incessantes e incisivas controvérsias sobre a reparabilidade do dano moral, não tardou o sobrepujamento da teoria da *reparabilidade ampla*, sobre as demais.

Os adeptos da escola positiva, ou seja, que defendiam a reparabilidade ampla dos danos morais argumentavam que o que se busca com a reparabilidade não é "essa impossível equivalência, a tanto por tanto, da dor que constitui tais lesões, O dinheiro não paga a dor." Assim, "dada a natureza toda particular e toda subjetiva dos danos morais, a sua reparação jamais poderia ser feita, objetivamente, pelos critérios da equivalência econômica."[242]

Mas o fato de que tais danos não poderiam ser aduzidos por critérios da equivalência econômica, dada a suas peculiaridades e características, não vinha a significar que os mesmos não eram reparáveis de maneira ampla e incondicional. O problema que se colocava à frente, no entanto, era justamente a fundamentação para tal reparação.

Para que a teoria da ampla reparabilidade pudesse ter êxito, deveria ultrapassar tal obstáculo da fundamentação e responder se a reparação seria algum tipo de pena, uma mera satisfação do lesado, uma simples afirmação da existência da tutela jurídica, uma condenação simbólica, ou verdadeira reparação compensatória.[243]

No que se refere à reparabilidade como um apenamento, afasta-se tal hipótese, na medida em que ao juízo cível não se atribui a tarefa de punir, mas sim a de reparar. Tão pouco uma condenação simbólica resolveria a questão, e, na verdade, nada repararia. Contudo não se descarta a hipótese de condenação indenizatória como finalidade, também, exemplificativa, perante o contexto social.

SAVATIER entendia que a reparação deveria assumir as funções de *satisfação-compensatória*, em certos casos; e *exemplar,* na grande maioria.[244] Nessa linha DEMOGUE e RIPERT.

No entanto, a questão da satisfação compensatória, mais próxima da realidade e racionalidade, também não atendia a outra questão, o papel do dinheiro nas indenizações por dano moral. A resposta é que

---

241 **apud** SALAZAR, Alcino de Paula. *Op. Cit.*, 1943, p. 156.
242 SILVA, Wilsom Melo da. *Op. Cit.*, 1955, p. 342.
243 Idem, 1955, p. 343.
244 SAVATIER, René. *Op. Cit.*, Vol II, 1939, nº 256 e 257.

singelamente, o que ocorre na hipótese do dano moral é a reparação mesmo, reparação compensatória. [...] Dificilmente se poderia dar ao lesado bens outros, da mesma natureza e quantidade daqueles que, no dano moral, tivessem sido menoscabados[245].

Daí a reparação em pecúnia. Por via indireta do dinheiro, "não como um fim em si mesmo, mas como um meio tendente à obtenção daquelas sensações outras, positivas, de euforia e contentamento, capazes de aplacar a dor do lesado".[246] Levaria ao lesado a possibilidade de compensação, senão na mesma quantidade, intensidade ou qualidade, à aquisição de bens outros que viessem realçar outros de índole ideal, como o conforto, a paz espiritual, a segurança, neutralizando a mágoa ou a dor ocasionada.

Modernamente, basta a intervenção danosa sobre direitos subjetivos da pessoa, para que se admita a recomposição do dano moral originado, não obstante a dificuldade de se provar o prejuízo causado, colocando-se em perspectivas as seguintes finalidades na reparação dos danos morais: indenizar a vítima através de dinheiro concedendo-lhe a oportunidade de obter meios de amenizar a dor experimentada em função da agressão moral, em um misto de compensação e satisfação; exemplificar socialmente, através da condenação em ressarcimento dos prejuízos morais, a fim de inibir novos episódios lesivos e perversos no convívio humano.[247]

No contexto doutrinário brasileiro, um dos primeiros a defender a reparabilidade incondicional dos danos morais, certamente foi CLÓVIS BEVILAQUA, que ao interpretar os imperativos do Código Civil de 1916/17, afirmava que nele estava o princípio geral da ressarcibilidade do dano moral. Segundo suas próprias palavras,

> se o interesse moral justifica a ação para defendê-lo ou restaurá-lo, é claro que tal interesse é *indenizável*, ainda que o bem moral se não exprima em dinheiro. É por uma necessidade dos nossos meios humanos, sempre insuficientes e não raro, grosseiros, que o direito se vê forçado a aceitar que se computem em dinheiro o *interesse de afeição* e os outros *interesses morais*[248].

---

245 SILVA, Wilson Melo da. *Op. Cit.*, 1955, p. 350.
246 SILVA, Wilson Melo da. *Op. Cit.*, 1955, p. 356.
247 MATIELO, Fabrício Zamprogna. *Op. Cit.*, 1995, p. 55.
248 **apud**, SALAZAR, Alcino de Paula. *Op. Cit.*, 1943, p. 157.

CARNEIRO, em tese bem fundamentada, já largamente citada no presente trabalho, dirá que o direito moral é *eudemonista*.[249] Partindo do pressuposto de que o dano moral é o avesso da moral, ou seja, o dano moral é a sua violação. O Direito, ao tratar do dano moral, considera-o associado à dor espiritual humana, ao sofrimento à humilhação, à diminuição do 'espaço' ou da amplitude da personalidade, de maneira que *se ao direito e à representações coletivas avilta a ideia do sofrimento espiritual, esta espécie de diminutus humana, é porque existe" no direito um padrão de equilíbrio, de um bem estar psíquico-espiritual estimável, que na falta de melhor expressão, designa-se felicidade.*[250]

CARNEIRO coloca a felicidade como uma condição humana, fator viabilizador do direito moral e da própria felicidade.[251] Ao trabalhar a questão da razão da quantificação, ou a reparação do dano moral em pecúnia, faz a seguinte indagação: *Porque o estudo da aferição do dano moral tem preferido a avaliação quantitativa?* Em resposta, argumenta a própria autora:

> A resposta pode ser muito simples: *é porque a quantidades fornecem a situação do objeto no espaço, o que proporciona ao sujeito a sensação de segurança do conhecimento.* É por isso que tudo o que podemos medir e contar parece-nos quase sempre mais verdadeiro do que outras descrições, como, por exemplo, as qualitativas[252].

Diante do todo exposto, não há como pensar na não reparação do dano moral, ou escapar da indenização. A reparação é uma regra geral para o dano, seja ele moral ou material, visto que o dano em sua essência, como já dito, é indivisível. Na hipótese de dano moral, a reparação se faz através de um valor pecuniário, por ser mais apropriado à espécie. Junte-se a isso o fato de que vivemos num mundo cujo modo de produção e consumo se estabelece a partir do capital. A visibilidade dos indivíduos encontra-se atrelada a possibilidade de ingresso no mercado. O desejo de consumir somente se satisfaz se o individuo possuir dinheiro. O que se põe à nossa frente, no entanto é como estipular este *quantum*, problemas este que trataremos no próximo subtítulo.

---

249 **Eudemonismo** é uma doutrina filosófica que admite ser a felicidade individual ou coletiva o fundamento da conduta humana moral, ou seja, são boas as condutas humanas que levem à felicidade. ( in: Novo dicionário básico da língua portuguesa Folha/Aurélio, São Paulo: Nova Fronteira, 1995, p. 281 ).
250 CARNEIRO, Maria Francisca. *Op. Cit.*, 1998, pp. 121-122.
251 CARNEIRO, Maria Francisca. *Op. Cit.*, 1998, pp. 125-126.
252 CARNEIRO, Maria Francisca. *Op. Cit.*, 1998, pp. 133-134.

## 3.3. O EQUILÍBRIO DA REPARAÇÃO: EM BUSCA DE UM QUOCIENTE

Requisito essencial para que alguém seja responsabilizado e condenado a ressarcir eventuais prejuízos causados à outrem, sejam eles de ordem material ou moral é a relação de causalidade, devendo também, a responsabilidade apurada, não obrigar o responsável a ressarcir mais que as consequências que sobrevieram com a prática do ato praticado. No caso de ressarcir prejuízos materiais, mesmo quando se verifica as hipóteses de *lucros cessantes*, a solução se apresenta com a reposição natural ou específica em que o agente promove a restauração do bem danificado, ou restituição da perda material, restituindo o *status quo ante*.

As dificuldades surgem, no entanto, quando o ressarcimento refere-se a prejuízos advindos de uma dor moral, de um desgosto, de uma tristeza, infligidos por atos ilícitos que atingem a personalidade do indivíduo. Não obstante a certeza de que todo mal causado a uma pessoa, aviltando o seu patrimônio ideal, que venha lhe ocasionar um desassossego, um desequilíbrio psíquico, é fundamento bastante para a reparabilidade do dano moral.

A dificuldade de reparabilidade do dano moral, e que, de certo modo, deu impulso aos argumentos da doutrina negativista, baseia-se na ideia de que a reparação supõe necessariamente uma equivalência entre o dano sofrido e a prestação correspondente. Torna-se essencial e indispensável conhecer a extensão do prejuízo, a medida da perda ocasionada para que se torne possível refazer a situação indevidamente alterada, que segundo a concepção dos negativistas, tal medida não existe no âmbito do dano moral.[253]

MINOZZI, uma das vozes a contestar esse raciocínio, alegava que realmente o dinheiro, quando o dano é puramente moral, não poderia, na grande maioria dos casos, fazer uma perfeita reintegração das coisas no seu estado anterior, esclarecendo o citado mestre que

> equivalência não significa igualdade entre o dano sofrido e o dinheiro recebido; quando se diz que o ressarcimento deve equivaler ao dano, não se pretende nunca dizer que a indenização deve ser igual ao dano efetivamente sofrido[254].

O problema da equivalência poderia encontrar obstáculos quando se verifica que o padrão moral, seja ele social, de seguimentos da sociedade em particular, ou, mesmo individual, é variável, de acordo

---

253  SALZAR, Alcino de Paula. *Op. Cit.*, 1943, p. 132.
254  **apud** SALZAR, Alcino de Paula. *Op. Cit.*, p. 133.

com os seus elementos formadores: cultura, nível econômico, nível de conhecimento e informação, formação religiosa, dentre outros fatores. Esse padrão de moralidade deverá ser considerado, sempre que a seu avesso é observado ocasionando prejuízos à alguém. Na avaliação do dano moral deve levar-se em consideração, como elemento importante, a posição social e cultural do ofensor e do ofendido. Para tanto, MELO DA SILVA desenvolveu a ideia de um *homo medius*, supondo que para a fixação, em dinheiro, do *quantum* da indenização, o juiz deveria atentar para o *tipo médio* do homem sensível da classe, sendo que o tipo médio do homem sensível de cada classe,

> seria o daquele cidadão ideal que estivesse a igual distância do *estoico* ou do *homem de coração seco* de que fala Ripert, e do homem de sensibilidade extremada e doentia. E isto porque, se certo é que existem os indiferentes, não menos verdade é, também, que o tipo usual do *exagerado*, do extremamente sensível, é bastante encontradiço[255].

No entanto, na *liquidação legal*, a idealização desse *homo medius*, torna-se por sua vez assaz subjetiva, sempre interpretado por uma ótica, cujo padrão moral, impõe-se como o mais adequado. Modernamente, sujeito e objeto passam por uma redefinição, de modo que o juiz nada mais é do que uma pessoa, também carregada de pré-noções, pré-conceitos, que influenciarão na formulação de *homem medius*. Na complexa sociedade do século XXI, cujas formas de vida social são as mais diversificadas não pode-se vislumbrar um *homo medius* que pudesse representar um tipo ideal a ser seguido, na apuração de danos aos direitos sensíveis.

Para que um indivíduo postule a reparabilidade devido a danos morais, causados por alguém, deverá ter um mínimo de motivação justificável. Deverá demonstrar o ato ou o fato como verdadeiramente desabonador.

Diante de todas essas dificuldades, a figura do juiz, que na verdade quem em última instância, é quem vai arbitrar o *quantum* em dinheiro, torna-se de fundamental importância. Na apreciação de ofensas aos direitos sensíveis, a formação ampla do magistrado torna-se ponto principal para que o mesmo possa avaliar o *preço da dor*, as dimensões do dano e suas consequências, o que torna imprescindível uma formação adequada para tais avaliações, que requerem um

---

255 SILVA, Wilson Melo da. *Op. Cit.*, 1955, pp. 423-424.

conhecimento interdisciplinar. Faz-se necessário a formulação de um juízo a partir da oitiva de profissionais de outras áreas do conhecimento, para uma decisão consistente, racional e segura.

Diante dessa necessidade, ou seja, de um conhecimento amplo para a cognição e arbitramento dessas questões, importante torna-se a abertura de varas especializadas, a fim de melhor acolher esse tipo de demanda.

Não obstante, algumas regras são tratadas pela doutrina, de modo a auxiliar o julgador na busca de um *quantum* determinado, que possa reparar a dor moral, injustamente sofrida por alguém. Nessa perspectiva, ÁVIO BRASIL, ao examinar as questões que envolvem a apuração de um determinado *quantum*, elaborou algumas regras, para o critério arbitral, conforme a seguir:

1ª *regra:* Que a satisfação pecuniária não produza um enriquecimento à custa do empobrecimento alheio;

2ª *regra*: Equilíbrio entre o caso em exame e as normas gerais, de um caso em equivalência, tendo em vista: I - curva de sensibilidade:
    a) em relação à pessoa que reclama a indenização;
    b) em relação ao nível comum, sobre o que possa produzir, numa pessoa normal, tal ou qual incidente;
    c) grau de educação da vítima;
    d) seus princípios religiosos;

II - influência do meio, considerando:
    a) repercussão pública;
    b) posição social da vítima do dano.

3ª *regra*: Considerar-se a espécie do fato, se é de ordem puramente civil, se comercial, ou se envolve matéria criminal.

4ª *regra*: Que a extensão da repercussão seja em triplo à repercussão da notícia que resultou o dano.

5ª *regra*: Constatar-se, nos casos de simples acidentes, se, além do prejuízo físico da perda do órgão ou membro, há prejuízo de ordem estética.

Procurar-se:
    a) o grau provável de diminuição da atividade da pessoa relacionando a lei de acidente no trabalho, cujo valor indenizável poderá ser alterado tendo em consideração a condição social da vítima;
    b) o valor do dano estético deve ser apurado levando-se em conta a condição social da pessoa, olhando-se o emprego exercido ou que ele poderia exercer, de acordo com os seus conhecimento e habilidades, dobrando-se ou levando-se ao quadrado ou ao cubo, conforme sexo, a idade e a extensão do

prejuízo: se mulher, e solteira, pode acarretar impossibilidade de conseguir casamento ou vir a exercer trabalho vantajoso; se homem, a sua profissão, idade, saúde, temperamento, resto de vida provável e a sua provável diminuição de atividade[256].

No caso da referida regra nº 2, letra 'c' que sugere que se leve em consideração o grau de *educação da vítima*, em nada pode interferir o estado de educação da vítima na arbitragem do *quantum*. Não importa se a vítima é mais ou menos educada do que o seu agressor. O que realmente deve-se levar em consideração é a pessoa humana no sentido de igualdade de direitos e deveres perante os outros. Não há que se cogitar e maior ou menor grau de instrução, na avaliação do dano moral, visto que a ninguém deve ser dado o direito de agredir a outrem, e, por consequência acarretar danos morais, tão pouco justificar tal atitude devido a um maior ou menor grau de instrução.

No que se refere à letra 'd' da regra nº 2, os princípios religiosos não podem ser levados em consideração, visto que a liberdade de expressão religiosa é ampla, garantida por preceito constitucional (art. 5º, VI da Constituição Federal Brasileira), não admitindo-se na hipótese, a utilização do mesmo como critério de mensuração de dano moral, à exceção de que o fato tenha incidido especificamente sobre a crença da vítima. Nessa última hipótese, torna-se aceitável a utilização do critério.

No que se refere à regra nº 4, proposta por ÁVIO BRASIL, nota-se demasiada subjetividade em parâmetros do tipo: "*...que a extensão da repercussão seja em tripulo...*", também utilizada no texto da regra nº 5, 'b': "*... de acordo com os seus conhecimentos e habilidades, dobrando-se ou elevando-se ao quadrado ou a cubo, conforme o sexo...*" No caso da extensão de uma repercussão de um ato injuriante, somente poderíamos avaliar com exatidão a sua amplitude através de uma pesquisa de opinião pública, que tornaria o processo economicamente inviável. Mesmo que fosse justificável tal pesquisa, em qual fundamento se resguardaria quantitativos do tipo: *em dobro, em triplo* etc.

Na regra de nº 5, letra 'b' há que se observar que no mundo atual, homens e mulheres são iguais em direitos e deveres, alinhados à revolução feminina que modificou valores como virgindade, capacidade intelectual, dentre outros que certamente eram calçados em puro preconceito e dominação, de modo que o sexo da pessoa também já não pode ser levado em consideração na utilização de critérios para a mensuração do dano moral. Homens e mulheres são iguais em direitos e deveres.

---

256 BRASIL, Ávio. **Op. Cit,** 1944, pp. 103-104.

Nos outros aspectos as regras sugeridas por ÁVIO BRASIL encontram ressonância e merecendo maior reflexão, principalmente a regra nº 1, preceituando que *a satisfação pecuniária não produza um enriquecimento à custa do empobrecimento alheio*; devendo esta ser utilizada como uma regra básica.

Para MELO DA SILVA, o dano moral será sempre ressarcido preferencialmente pela figura do *desagravo*, ou pela compensação não econômica, quando isso se possa fazer, sem os riscos de novos danos.[257]

Conforme o citado professor, entre o receber-se uma soma em dinheiro e o poder de cominar ao ofensor o mesmo dano que ocasionou ao ofendido, a alternativa dificilmente se resolveria, para o comum dos homens, pela aceitação do dinheiro.[258]

Na concepção do citado autor, o dinheiro pode proporcionar, ao lesado, meios de obtenção de parcelas outras, de sensações interiores de alegria e de contentamento. Somente de modo indireto, imperfeito, em muito dos casos, poderia contribuir para a minoração da dor alheia, daí a preferência pela forma desagravo direto, ao qual fosse estranho o valor econômico, apontando como exemplo casos de injúria e difamação, principalmente aquelas feitas tendo por veículo a imprensa. A retratação consistiria na retratação também pública, ou publicitação da sentença condenatória pela própria imprensa.[259] Todavia entende-se que a mera retratação não minora o dano causado, e, isso devido às modernas técnicas empregadas pela mídia, que podem, subliminarmente até mesmo agravar o dano, isso sem pensar nas possibilidades do espaço virtual da internet. Vale ressaltar ainda que o direito de resposta constitui um direito fundamental autônomo e independente do dever fundamental de reparar.

Tais formas de reparabilidade do dano moral são importantes, na medida em que, o ofensor também seja condenado a pagar à vítima uma determinada quantia pecuniária. O desagravo pode e deve obrigado ao ofensor, conjuntamente com a condenação num *quantum* pecuniário.

A condenação do ofensor a compensar a vítima através de um *quantum* em dinheiro tem inegável sentido preventivo e exemplificativo, perante toda a sociedade, principalmente em sociedades, cujo modo de produção e consumo é o capitalista.

---

257   SILVA, Wilson Melo da. *Op. Cit.*, 1955, p. 422.
258   SILVA, Wilson Melo da. *Op. Cit.*, 1955, p. 422.
259   SILVA, Wilson melo da. *Op. Cit.*, 1955. pp. 422-423.

Esse confronto de forças, de um lado a vítima que aplaca o seu sentimento de vingança pela compensação recebida, e de outro o lesionador que punitivamente paga pelos seus atos inconsequentes, é forma de o Estado agir para conseguir o equilíbrio de forças antagônicas[260].

CARNEIRO em seu excelente trabalho concorda nas hipóteses de dano moral, com a necessidade de se estabelecer um valor pecuniário indenizatório, estipulado pela justiça, asseverando que:

> Dor moral e dinheiro são dimensões diferentes da realidade humana, e portanto não há reversibilidade entre esses conceitos, pois o dinheiro jamais aquilatará ou pagará os valores da 'pisiche'... O que se busca, então, não é a ressarcibilidade do sofrimento em si ( pois este jamais será reparado, na medida em que não se pode modificar os fatos passados): mas sim formas sucedâneas de valor, que, na impossibilidade de anular um sofrimento moral, possam oferecer outras alegrias ou estado de bem-estar social e psíquico, de modo a compensar e equilibrar o dano, ainda que não anulá-lo. É que os diferentes bens, inclusive a moeda, exercem funções várias na vida social, proporcionando às pessoas o alcance de números objetivos, econômicos ou mesmo ideais, na satisfação de interesses os mais diversos, inclusive na própria atenuação de agruras, desgostos, desilusões e outras sensações negativas.[261]

Nos países do *Commmon Law of Justice*, conforme traz à lembrança a citada autora, as indenizações conferidas pelos tribunais alcançam cifras *vultosíssimas*, enquanto que no Direito continental, costuma-se usar como parâmetro para condenação indenizatória a condição social e econômica da vítima e do réu, o que, segundo sua concepção é de boa técnica:

> Mesmo porque, somas em dinheiro que pudessem remeter o indivíduo a *status* para além de seu *modos-vivendi* acarretariam talvez um novo prejuízo - em vez de reparar o anterior - em razão das dificuldades de adaptação, angustias, frustrações e desajustes que daí decorreriam, pois a plenitude da integração social dá-se na razão direta da participação do indivíduo nos elementos culturais que lhe servem de contexto ou tessitura. Do contrário, em vez de

---

260 REIS, Clayton. *Op. Cit.*, 1997, pp. 90-91.
261 CARNEIRO, Maria Francisca. *Op. Cit.*, 1998, pp.57-58.

"integração", ter-se-ia "fricção" social. Quanto a mobilidade social, ascendente ou descendente, na sociedade estratificada, geralmente se faz de modo paulatino e natural, raramente súbito. É interessante, ainda, que o próprio indivíduo possa trabalhar a sua movimentação social, verdadeiramente como sujeito da sua própria história.[262]

É verdade que o bom senso do julgador deverá sempre levar em consideração todos esses aspectos, acima transcritos. No entanto, nos parece, que o parâmetro a ser utilizado nas hipóteses de condenação indenizatória, à título de reparação por danos morais, é o de que, sempre se deve levar em consideração *a possibilidade de quem deve indenizar e as necessidades de quem é indenizado*, daí um *médium*.

O que fica, ainda, para se solucionar, todavia, é a questão da mensurabilidade do prejuízo constatado. Não há mais, na doutrina e na jurisprudência, controvérsia, de que todo dano advindo de ato ilícito deve ser reparado, seja ele material ou moral. No entanto, a questão da mensuração do dano moral e a estipulação de um *quantum* constitui campo a ser mais debatido e teorizado, a fim de se chegar a um bom termo, nessa questão por demais complexa.

CARLOS HENRIQUE ABRÃO, doutor em direito comercial pela Universidade de São Paulo (USP), em artigo publicado no jornal "Folha de São Paulo" em data do dia 22 de agosto de 1998, chamou a atenção para o *campo árido e repleto de pontos controvertidos do dano moral, no que diz respeito aos critérios de sua fixação.*[263]

Constata ABRÃO, que os pedidos de indenização suplantam aqueles provenientes do dano material, vem ocorrendo uma verdadeira corrida à justiça no sentido de se postular *a reparação pessoal, psicológica, que tenham causado aborrecimento ou agressão à personalidade humana.* Segundo o citado articulista, os fatores que contribuíram para que esses pedidos se avolumassem na justiça foram:

> o binômio acesso à justiça e integral indenização emergente do prejuízo sofrido, somado ao fato do elevado aspecto de pedidos de gratuidade processual, faz com que seja minorado o dano material e se torne essencialmente relevante o prejuízo moral, de conotação extrapatrimonial[264].

---

262  CARNEIRO, Maria Francisca. *Op. Cit.*, 1998, p. 58.
263  ABRÃO, Carlos Henrique. **Securitizar o dano moral.** in: "Folha de São Paulo", 22 de agosto de 1998, p. 3/2 - Coluna **data venia**.
264  ABRÃO, Carlos Henrique. *Op. Cit.*, 1998, p. 3/2. Coluna **data venia**.

Diante de tantos processos na justiça, postulando reparos por danos morais, ABRÃO põe em perspectiva a necessidade de se criar dispositivos de segurança em prol aos responsáveis pelos prejuízos:

> A progressão geométrica dos litígios que envolvem o dano moral, na esteira de uma verdadeira indústria, passam a mapear um quadro próprio, donde é fundamental que haja uma segurança na reparação e um mínimo de condições para que os responsáveis não sejam pegos de surpresa na respectiva carga patrimonial[265].

Com a finalidade de estabelecer esses mecanismos de proteção aos responsáveis por danos morais, o articulista propõem *securitizar o dano moral,* nas seguintes palavras:

> Nasce, portanto, a regra da securitização do dano moral em valor compatível com a atividade da empresa, seu grau de risco e potencialidade do dano, uma vez que, na dinâmica dos atos negociais, não há suficiente tempo e espaço para aferição de dados externos ao campo da operação praticada. tripla seria a finalidade de assegurar cobertura pelo dano mora: o estabelecimento do patamar ditado pela conveniência e pela oportunidade, a responsabilidade subsidiária do causador do dano e a drástica redução de pedidos, cujas somas alcançam loterias. O custo interno dessa garantia seria mínimo e passível de repasse, mas de pouco significado na hipótese de sua utilização. Assim, surgem casos dos mais variados: o abalo de crédito, o acidente de trânsito com sequelas pessoais, o acidente de trabalho na esfera da culpa comum, os transtornos provocados pelas demoras nos voos aéreos, os erros nos diagnósticos laboratoriais, as intervenções cirúrgicas malsucedidas etc.[266]

A ideia de securitização do dano moral vem ganhando espaço nos mais variados debates, congressos e *foruns* especiais, que vem se estabelecendo em torno desses direitos da personalidade. Contudo, a tese de securitização esbarra em fundamentos jurídicos e morais fulminantes, tornando-se descabida em todas as suas pretensões.

Com o advento da Constituição brasileira de 1988, os direitos e garantias individuais tornaram-se expressos no referido diploma político, abrindo perspectivas para a criação de consciência de cidadania, ou seja, o indiví-

---

265   ABRÃO, Carlos Henrique. **Op, Cit.**, 1998, p. 3/2. Coluna **data venia.**
266   ABRÃO, Carlos Henrique. *Op. Cit*, 1998, p. 3/2, Coluna **data venia.**

duo dotado de direitos e deveres, devendo o Estado garantir os mesmos e fomentá-los, no sentido de viabilizar amplamente o exercício da cidadania. Na garantia do exercício dos direitos e formação da consciência social de cidadania, o acesso ao poder judiciário torna-se de vital e de extrema importância, na evolução para uma sociedade mais justa. Nesse contexto a garantia constitucional do processo,

> consagra a garantia de agir em juízo, para defesa de um direito próprio ou de um interesse legítimo. É um princípio que decorre da juridicidade do Estado e que serve para eliminar todos os resíduos de discriminação em favor do poder público[267].

O artigo 5º, inciso LXXIV, da Constituição Federal consagra o princípio da justiça gratuita preceituando que *o Estado prestará assistência jurídica integral e gratuita aos que comprovarem insuficiência de recurso*. Em países como o Brasil, onde a pobreza é um fato que salta à nossa percepção a todos os momentos, a gratuidade do acesso à justiça é condição primordial na efetivação da garantia do processo e a realização do direito de ação.

Aspectos como a garantia processual (acesso à justiça) e o princípio da assistência gratuita não podem ser condenados como situações que incentivam o cidadão ingressar na justiça. A constatação de aumento de demandas na esfera judicial significa que essas demandas estavam reprimidas.

Falar em fomento a uma *indústria da indenização*, pelo fato de que há um considerável aumento nas demandas com pedido de reparabilidade por danos morais, não parece o melhor argumento, visto que somente poderíamos falar em fomento em tal *indústria* se houvessem condenações sem respaldo fatual ou probatório. Na hipótese, não há em que se falar em indústria, mas sim, em atitudes dolosas, devendo as mesmas responder processualmente, na esfera penal. A esse respeito OLIVEIRA BARACHO:

> Examina-se, em muitos estudos, a responsabilidade civil do juiz. Esta responsabilidade ocorre quando o juiz é imputado, no exercício de sua função, do dolo, fraude ou concussão; não nas hipóteses de omissão, retardamento de julgamento sem motivo justo, em caso de provimento sobre a demanda, no que se refere ao interesse da parte ou a um ato do seu ministério. O dano injusto, decorrente de um ato de provimento judiciário do magistrado, com dolo ou culpa grave, no exercício de sua função, corresponde à denegação da justiça. Propõe-se a ação contra o Estado, visando ao ressarci-

---

267 BARACHO, José Alfredo de Oliveira. *Op. Cit.*, 1995, p. 19.

mento do dano patrimonial, bem como àqueles que, não sendo patrimoniais, promovem a privação da liberdade pessoal.[268]

Se, por outro lado, a *indústria da indenização* é fomentada pelas altas indenizações que alguns casos alcançam, estimulando, assim, outras pretensões, o problema não é do cidadão lesionado que postula em juízo, mas sim, da própria justiça, visto que cabe a ela, e tão somente a ela, arbitrar, em última instância, o *quantum* a indenizar, depois de debatido à exaustão os casos concretos. Cabe à justiça melhor se estruturar para criar condições de melhor administração dos atos processuais, em seus fluxos legais.

A ideia de *securitização* do dano moral apresenta-se, aos olhos de um exame mais aprofundado, uma afronta aos princípios elementares de justiça, tais como o do *devido processo legal*.

Securitizar a moral, torna-se, diametralmente oposto, o avesso, à própria moral, visto que se fomentará uma indústria de seguros, que se alimentará da instituição da prática do dano sem correspondente sanção, ou seja, é um verdadeiro convite para o descompromisso nas relações sociais, o fim da ética no plano da conivência humana, um estímulo à ilicitude. É como se pudéssemos praticar determinado ato ilícito sabendo dos resultados danosos, porém amparado por uma corporação capitalista de seguros. Aliás, tal percepção contraria o próprio princípio republicano que se pauta pela isonomia. Nesse contexto os menos favorecidos estariam desamparados pelo fato de não poderem pagar um seguro dessa natureza.

A ideia de securitização de direitos fundamentais é inconstitucional, afronto à força normativa da Constituição, desrespeito ao pacto social que nela está representado, cujos direitos morais atendem o compromisso ético nas relações entre cidadãos.

O dano moral não pode ser comparado ao prejuízo material, este sim, passível de securitização, como de fato há, no mercado atual, em suas várias modalidades: seguro contra roubo e furto de automóvel, seguro contra incêndio e etc. Mas, em todos esses casos, a seguradora repõe o bem ou o seu valor de mercado ao segurado.

No entanto o mesmo não vale para os danos morais, visto que os prejuízos decorrentes de danos morais atingem os substratos da personalidade humana, cujas "sequelas são muito mais duradouras do que

---

268 BARACHO, José Alfredo de Oliveira. *Op. Cit.*, 1995, p. 18.

as físicas. Assim sendo, a matéria-prima da indenização em referência é muito diferente da indenização por danos morais" o que demonstra a necessidade da *gradação* do prejuízo.[269]

Contudo, o problema de se chegar a um bom termo indenizatório, realmente não constitui tarefa fácil para os julgadores, que devem adotar critérios razoáveis e mensuráveis, a partir do sentimento da jurisprudência, nacional e estrangeira, da orientação doutrinária *e principalmente a consciência social, asseverada constitucionalmente.*[270]

Na estipulação do *quantum* a ser indenizado deverá sempre seguir o princípio geral das possibilidades do condenado a indenizar, bem como o seu poder no âmbito sócio, político e econômico. A observação de todos esses aspectos concorre para que se evite um enriquecimento assimétrico, ou seja, que acabe por causar um prejuízo maior no réu.

MARIA FRANCISCA CARNEIRO no exame das questões que envolvem a avaliação do prejuízo moral, baseada *na linguagem do direito moral francês* e estudos de MAX LE ROY (*L'évaluation du préjudice corporel,* Libraires Techiniques, Paris, 1956), noticia alguns métodos debatidos em França, e que podem ser utilizados em casos concretos, quis sejam: o *cálculo matemático,* a *avaliação in concreto* e o *cálculo no ponto.* Avaliando seus prós e contras, escreve:

> a) Cálculo matemático
> O cálculo matemático é fundamentado na hipótese de que o prejuízo pela incapacidade permanente da qual fica sofrendo a vítima de um acidente, é igual ao montante de seus ganhos profissionais anuais livres, multiplicados pela percentagem da invalidez e o valor do franco de renda apreciado, segundo a idade da dita vítima, a partir de uma tabela da Caixa Nacional das Aposentadorias. Mas, observa Le Roy, a experiência demonstrou que a hipótese sobre a qual repousa o cálculo matemático é inteiramente arbitrária. É assim, por exemplo, que a amputação de certos dedos da mão esquerda, que pode em numerosas profissões não ter nenhuma influência apreciável sobre as atividades profissionais, pode, em outras, ter consequências consideráveis sobre essas atividades ( violinistas e relojoeiros, por exemplo ). Igualmente, as consequências da surdez são extremamente diferentes segundo as profissões, e assim sucessivamente.

---

269   CARNEIRO, Maria Francisca. *Op. Cit.,* 1998, p. 60.
270   CARNEIRO, Maria Francisca. *Op. Cit.,* 1998, p. 61.

b) Avaliação *in concreto*

Pelas razões expostas, é preferível substituir o cálculo matemático por uma avaliação *in concreto*, que considera as circunstâncias particulares da causa. Essa avaliação pode ser facilitada pela nomeação de um 'expert' para avaliar os recursos da vítima antes e após o evento danoso.

Essa avaliação *in concreto,* que era a que enxergava mais de perto a realidade, não é desprovida de inconvenientes. É preciso reconhecer que a avaliação *in concreto*, que é a única justa em seu princípio, pode conduzir, na prática, ao arbítrio, por falta de elementos de comparação. Do mesmo modo, o cálculo matemático, que é falso em seu princípio, pode conduzir a erra, por dedução.

c) Cálculo no ponto

Para evitar que a avaliação *in concreto* conclua suas soluções por muito diferentes de uma jurisdição à outra, e para facilitar a uniformização da jurisprudência, é, portanto, necessário se proceder a uma unidade de referência. Esta unidade é o ponto da incapacidade, quer dizer, a soma obtida dividindo-se a soma concebida na reparação do prejuízo resultante da incapacidade permanente, pela taxa dessa incapacidade. Este modo de cálculo é às vezes indireto e subsidiário. É indireto, porque permite calcular as indenizações prontamente a partir dos documentos cifrados da causa, mas por via de referência de outros casos similares. É subsidiário, porque pode normalmente ser empregado na carência de elementos mais precisos[271].

Os métodos acima mencionados podem ser utilizados como instrumentos subsidiários na apuração de eventuais prejuízos que o dano moral possa vir a acarretar. Todavia, conforme as próprias palavras da citada autora, devem ser vistos com cautela, sob pena, de se chegar a um resultado arbitrário.

WILSON MELO DA SILVA, a cerca da reparação dos danos morais sustenta que este tipo de prejuízo sempre será ressarcido, de maneira preferencial pelo próprio desagravo - ao que já nos colocamos em desacordo -, ou pela compensação não econômica, quando isto se possa fazer, socialmente, sem riscos de novos danos. Mas em não havendo outra forma, a indenização em dinheiro deveria ser a opção. Nesse contexto, o aplaudido professor lança alguns critérios,

---

271 CARNEIRO, Maria Francisca. *Op. Cit.*, 1998, pp. 75-76.

segundo os quais, os juizes deveriam se orientar, para a condenação da reparabilidade. Nos casos de lesões deformantes, WILSON MELO DA SILVA, entende que a maior ou menor beleza física, anterior, da lesada, deverá influir preponderantemente no arbitramento do *quantum* reparador, nas seguintes palavras:

> Para a mulher feia, óbvio é, a reparação por dano moral consequente da ferida física que mais a enfeasse não poderia ser equivalente, por exemplo, à aquela ordenada, pelo juiz, em favor da mulher mais bonita ou mais jovem, tornada irremediavelmente disforme pela lesão sofrida.
> Ao demais, sempre ouvidos, antes, os técnicos, a respeito, a menor reparação por danos morais faria jus aquela que tivesse possibilidade, ainda, de uma recuperação, senão total, pelo menos parcial, da beleza perdida, do que aquela, nesse particular, interiormente destituída de toda e qualquer esperança.[272]

É óbvio que a sugestão do apreciado mestre não encontra ressonância nos dias de hoje, mesmo porque, seria uma afronta à dignidade da pessoa humana e, por consequência um desrespeito à própria Constituição Federal, na medida em que tal critério traz em seu bojo, elementos discriminatórios. O que seria uma mulher feia? Qual o critério de beleza - coisa tão subjetiva - a ser utilizado para saber se determinada mulher é mais ou menos feia do que outra?

Em países como o Brasil, onde o preconceito racial, mesmo que de maneira velado, ainda é um fato real, e os meios de comunicação, a mídia, é quem determina os cânones de beleza, cuja mulher branca é sempre colocada como a mais bonita e superior a mulher negra, tornaria o critério, acima exposto, no mínimo perigoso.

Quando alguém é mutilado não importa somente se vai ficar mais feio ou menos bonito, o que importa realmente é a dor moral, a dignidade ferida, o toque danoso n'alma, nos substratos da personalidade, ou seja, o que se deve colocar em perspectiva é o *pretium doloris* ( preço da dor ) e o *quantum doloris* ( avaliação da gravidade da dor ).

Além dos aspectos estéticos, na hipótese de uma mutilação facial, por exemplo, há que se deferir a reparação da dor, levando-se em consideração *a intensidade da dor, a sua duração, a idade, a ocupação e os aspectos psíquicos* da vítima.[273]

---

272 SILVA, Wilson Melo da. *Op. Cit.*, 1955, p. 426.
273 CARNEIRO, Maria Francisca. *Op. Cit.*, 1998, p. 76.

Na fixação do *pretium doloris* ou avaliação quantitativa, MARIA FRANCISCA CARNEIRO, fundada em argumentos de LE ROY, escreve que a apreciação do *pretium doloris* pertence aos juízes, enquanto que a avaliação da importância da dor é de domínio dos especialistas. Ressalta ainda que para a fixação do *pretium doloris* não existe nenhuma tabela e deve-se mesmo considerar que, se existisse uma, os juízes não poderiam se referir a ela expressamente, no entanto, a avaliação dos juízes não deve, por isso, ser arbitrária e pode-lhes ser útil conhecer, sobre este ponto, a jurisprudência estrangeira.[274]

LUIS RODRIGUES WAMBIER, em estudo intitulado *Liquidação do Dano: aspectos substanciais e processuais* escreve o autor que

> verificada a ocorrência de um dano efetivo, do qual decorra prejuízo ou ofensa ao patrimônio ideal de alguém, e, por isso, havendo necessário nexo causal entre um e outro (dano e prejuízo), estará evidenciada a responsabilidade civil, devendo o causador do dano proceder ao devido ressarcimento da diminuição que a vítima sofreu, num dado bem jurídico[275].

A fixação do ressarcimento do prejuízo pelo meio pecuniário que deve ser justamente arbitrada pelo juiz a partir da pretensão da vítima, deve indicar o *quantum* que o réu deverá pagar, WAMBIER, baseado em outros estudos doutrinários, indica três modos pelos quais se pode chegar à quantificação do montante do ressarcimento, quais sejam: *por acordo dos interessados, por arbitramento via provimento judicial, e pela aplicação de formas de liquidação prefixadas no ordenamento jurídico.*[276]

Na hipótese de acordo entre os interessados, a determinação do *quantum* da indenização é fixado a partir do entendimento entre as partes litigantes, que chegam a um determinado valor a partir da composição conciliadora.

No segundo modo, acima indicado, ou seja, aplicação de critérios determinados previamente pelo ordenamento jurídico significa a realização de operações indicadas na própria lei, quando assim tiver instituído, adequados aos casos concretos.

---

274 CARNEIRO, Maria Francisca. *Op. Cit.*, 1998, p. 77.
275 WAMBIER, Luis Rodrigues. **Liquidação do dano: aspectos substanciais e processuais.** Porto Alegre: Sergio Antonio Fabris Editor, 1988, p. 33.
276 WAMBIER, Luiz Rodrigues. *Op. Cit.*, 1998, p. 36; ORLANDO GOMES, **Obrigações**, 6. ed. Rio de Janeiro: Forense, 1981, p. 378; MARIA HELENA DINIZ, **Curso de direito civil brasileiro**, Vol VII, São Paulo: Saraiva, 1984, p.11.

O mais polêmico entre os três modos acima mencionados, certamente é o que corresponde à hipótese de liquidação pelo poder judiciário, na medida em que há danos que não são possíveis de avaliação por operações matemáticas, no apuro pecuniário ou *quantum* indenizatório. No entanto, há casos em que não há outra maneira de proceder, senão por intermédio da liquidação. Nesses casos, para uma justa apuração do *quantum* deverá contar com o auxílio técnico em concomitância com o *prudente arbítrio do juiz*.[277] daí a importância de profissionais especializados, com ampla formação, bem como varas também especializadas na administração e apreciação dessas demandas específicas que envolvem direitos da personalidade.

Não obstante a indefinição legislativa, em torno da matéria, aos aspectos subjetivos do prejuízo moral, com acerto WAMBIER argumenta no sentido de sempre se arbitrar um *quantum*, mesmo quando não haja precedentes, ressaltando ainda que o magistrado não deve se inibir em decidir favoravelmente à pretensão da vítima, quando comprovada a hipótese de prejuízo moral, para o ressarcimento de certo dano, porque ao inovar, não estará fazendo nada mais do que atender o espírito do Direito, que é, no particular, o de manter a harmonia social, pela manutenção da integralidade do patrimônio ideal do lesado.[278]

Agindo nessa perspectiva, acima defendida por WAMBIER, o magistrado imprimirá ao Direito toda sua força cultural, realçando a sua característica mais geral e recorrente, lembrada por HART,[279] consistindo em que *a existência de um Direito significa que certas espécies de conduta humana já não são facultativas, mas obrigatórias em certo sentido*. No caso dos direitos da personalidade, a obrigatoriedade é que devemos conviver em sociedade segundo os princípios éticos e morais por ela mesma elaborados, sob pena de sanções atitudes que se marcam pela prática do avesso desses mesmos princípio.

---

277 Conforme ensina WILSON MELO DA SILVA, a figura o papel do juiz é preponderante na reparação dos danos morais. A ele e seu prudente arbítrio, compete medir as circunstâncias, ponderar os elementos probatórios "inclinar-se sobre as almas e perscrutar as coincidências" ( citando Ripert ) em busca da verdade, separando sempre o joio do trigo, o lícito do ilícito, o moral do imoral, as aspirações justas das**miragens do lucro**, referidas por Dernburg. *Op. Cit.*, 1955, pp. 398-399.
278 WAMBIER, Luiz Rodrigues. *Op. Cit.*, 1998, pp.38-39.
279 HART, H. L. A. **O conceito de direito**, 2. ed. Lisboa: Fundação Calouste Gulbenkian, 1994, p. 10.

# CAPÍTULO IV

## 4.1. A CONSTITUCIONALIZAÇÃO DO DIREITO À REPARAÇÃO POR DANOS MORAIS

Com a promulgação da atual Constituição brasileira, pelo Congresso Nacional em data do dia 05 de outubro de 1988, instalou-se uma nova ordem jurídica no país, informando um novo Estado de Direito, cujos princípios democráticos passaram a fazer parte do novo contexto sociopolítico que veio a se formar.

O novo texto constitucional brasileiro trouxe grandes avanços e inovações, tanto no que se refere à organização e estruturação do Estado, como também no tocante aos direitos fundamentais individuais e coletivos. Nesse sentido várias matérias que antes foram ignoradas pela nossa história constitucional, passaram a fazer parte do novo texto, novos conteúdos.

No contexto desses novos conteúdos o art. 5º em seus incisos V e X a questão do dano moral e sua reparação, com a seguinte redação: Inciso V - *é assegurado o direito de resposta, proporcional ao agravo, além da indenização por dano material, moral ou à imagem*; inciso X - *São invioláveis a intimidade, a vida privada, a honra e a imagem das pessoas, assegurando o direito à indenização pelo dano material ou moral decorrente de sua violação.*

A Carta Constitucional brasileira de 1988, ao constitucionalizar esses direitos, colocou em perspectiva não só uma proteção mais incisiva dos mesmos, que já eram garantidos por legislação infraconstitucional - conforme elencamos anteriormente -, mas, ao elevá-los ao *status* constitucional, deslocando-os de uma mera ótica privatista, impôs os mesmos, a partir do novo contexto jurídico-político, como princípio de convivência, compromisso social, estabelecendo determinada ética a ser observada pelo conjunto da sociedade em suas várias relações.

Os aspectos que se alinham na *constitucionalização* de um determinado conteúdo envolvem vários fatores, revelando vários significados para a comunidade, política e juridicamente ordenada.

Assim, a *Constituição* é a ordem jurídica fundamental da comunidade. É ela que fixa os princípios e as regras sobre os quais se devem formar a unidade política, as tarefas do Estado. Contém os procedimentos para resolver os conflitos no interior da comunidade. Regula a organização e os procedimentos de formação da unidade política e a atuação estatal. Cria as bases e determina os princípios da ordem jurídica em seu conjunto.[280]

A *Constituição* é um *ordenamento marco*, utilizando as palavras de BÖCKENFORDE, na medida em que organiza a vida político--estatal e regula a relação Estado/cidadão; cidadão/cidadão. Na *Constituição*, encontramos os *direitos fundamentais*, estabelecidos como direitos subjetivos de liberdade que podem ser exigidos frente ao Estado por parte dos cidadãos. Sendo a ordem jurídica fundamental do Estado, a *Constituição* engloba o conjunto dos princípios de Direito e todas as possibilidades de compromisso, na busca da conformação do ordenamento jurídico estabelecido por ela.[281]

MARCELO NEVES abordando o tema da *constitucionalização*, afirma que ao mesmo

> subjaz a ideia de que nem toda ordem jurídico-política estatalmente organizada possui uma Constituição ou, mais precisamente, desenvolveu satisfatoriamente um sistema constitucional. O conceito de Constituição assume, então, um significado bem delimitado. Refere-se à Constituição em sentido moderno[282].

À ideia de *Constituição*, ensina RAUL MACHADO HORTA,

> despontou no mundo antigo, preocupando *Aristóteles* em sua *política*, penetrou na Idade Média com a *Magna Carta* e ganhou conteúdo mais nítido e preciso na elaboração doutrinária do conceito de *Lex Fundamentalis*, no século XVII e XVIII.

É então a partir do constitucionalismo dos séculos XVII e XVIII que a Constituição delineia sua característica moderna de *lei fundamental*, mandamento superior de uma nação jurídica e politicamente organizada.

Nesse contexto, *constitucionalização* e *fundamentalização* apresentam-se como termos necessários a uma compreensão.

---

280    HESSE, Konrad. **Escritos de derecho constitucional**. Madrid: Centro de estudios Constitucionales, 1983, p. 17.
281    BÖCKENFÖRDE, Ernest-Wolfgang. **Escritos sobre derechos fundamentales**. Baden-Baden: Nomos Verl.-Ges., 1993, p. 137.
282    NEVES, Marcelo. **A constitucionalização simbólica**. São Paulo: Editora acadêmica, 1994, p. 61.

Em GOMES CANOTILHO a expressão *constitucionalização* designa a "incorporação de direitos subjetivos do homem em normas formalmente básicas." *Fundamentalização* ou *fundamentalidade* "aponta para a especial dignidade de protecção dos direitos num sentido formal e num sentido material."[283]

A *fundamentabilidade formal*, geralmente associada à constitucionalização, informam, segundo GOMES CANOTILHO, quatro dimensões importantes:

> (1) as normas consagradoras de direitos fundamentais, enquanto normas fundamentais; são normas colocadas no grau superior da ordem jurídica; (2) como normas constitucionais encontram-se submetidas aos procedimentos agravados de revisão; (3) como normas incorporadoras de direitos fundamentais passam, muitas vezes, a constituir limites materiais da própria revisão [...]; (4) como normas dotadas de vinculatividade imediata dos poderes públicos constituem parâmetros materiais de escolhas, decisões e controlo, dos órgãos legislativos, administrativos e jurisdicionais.[284]

Quanto a *fundamentalidade material*, escreve o citado constitucionalista português:

> Significa que o conteúdo dos direitos fundamentais é decisivamente constitutivo das estruturas básicas do Estado e da sociedade, [...] que juntamente com uma *compreensão aberta do âmbito normativo das normas concretamente* consagradoras de direitos fundamentais, possibilitará uma concretização do desenvolvimento plural de todo o sistema constitucional.[285]

A *constitucionalização*, fenômeno pelo qual *direitos subjetivos do homem*[286] são incorporados ao texto básico de um país, indicam o

---

283 CANOTILHO, J.J. Gomes. **Direito constitucional,** 6.ed. Coimbra: Almedina, 1996, p. 498.
284 CANOTILHO, J.J. Gomes. *Op. Cit.*, 1996, p. 499.
285 CANOTILHO, J.J.Gomes. *Op. Cit.*, 1996, p. 499.
286 No sistema dos direitos fundamentais faz-se necessário a diferenciação das categorias: Direitos do homem, direitos fundamentais e direitos do cidadão. No que se refere aos **direitos do homem**, apesar de utilizada como sinônimo de direitos fundamentais, "são direitos válidos para todos os povos e em todos os tempos ( dimensão jusnaturalista-universalista); **direitos fundamentais** são os direitos do homem, jurídico-institucionalmente garantidos e limitados" em um determinado espaço e tempo. "Os direitos do homem arrancariam da própria natureza humana e daí seu caráter inviolável, intemporal e universal; os direitos fundamentais seriam os direitos objetivamente vigentes numa ordem jurídica concreta." Direitos do cidadão, por sua vez, são aqueles que pertencem ao homem, enquanto ser social, ou seja, como indivíduo vivendo em sociedade." ( Cf. CANOTILHO, J.J. Gomes. *Op. Cit.*, 1996, pp. 517-518 ).

fundamento da própria sociedade e do Estado, e por isso, a Constituição *merece especial dignidade,* devido à sua *fundamentalidade.*

A *fundamentalidade* revela a amplitude e significado dos preceitos constitucionais, na medida em que os mesmos (direitos fundamentais) devem orientar-se não apenas em sua função de proteção dos cidadãos em sua esfera de liberdade e individualidade. Ao passarem pelo processo de constitucionalização, e, por conseguinte, se transformarem em direitos fundamentais, devem estes, serem encarados, conforme salienta CANOTILHO, em suas *multifuncionalidade,* alertando para o fato de que

> torna-se necessária uma *doutrina constitucional dos direitos fundamentais,* constituída com base numa constituição positiva, e não apenas *uma teoria de direitos fundamentais* de caráter exclusivamente teorético[287].

Põe-se em relevo, assim, a eficácia normativa da Constituição a partir do exame de seu conteúdo positivado em constante confronto com a realidade social, ao qual está submetida. Em outras palavras, torna-se necessário, conforme defende HESSE, a *realização constitucional.*[288]

A Constituição argumenta HESSE, se compõe de normas. Essas normas contém requerimentos dirigidos à conduta humana; as normas não são mais que *letra morta,* sem *eficácia* alguma, quando o *conteúdo* de tais requerimentos não se incorporam à conduta humana. O Direito Constitucional, afirma ainda o autor tedesco, neste sentido, não pode ser desvinculado da atuação humana. *Somente através da dita atuação e em dita atuação resulta o alcance da realidade de uma ordem vivida; um direito formador e conformador de uma realidade histórica, podendo cumprir sua função em vista da comunidade.*[289]

Segundo HESSE, essa realização não se constitui em algo que possa dar por pressuposto. Depende da motivação que a Constituição efetivamente venha determinar na conduta humana, determinando, portanto, que suas normas se achem em vigor não só hipoteticamente, mas que tenham vigência real.[290]

Nessa ordem de raciocínio, o que vem a significar, no sistema global do nosso ordenamento jurídico, a constitucionalização dos *di-*

---

287  CANOTILHO, J.J.Gomes. *Op. Cit.,* 1996, p. 512.
288  HESSE, Konrad. *Op. Cit.,* 1983. p. 26
289  HESSE, Konrad. *Op. Cit.,* 1983, p. 26.
290  HESSE, Konrad. *Op. Cit.,* 1983, p. 26.

*reitos morais* e a sua proteção, conforme preceituado nos Incisos V e X, do art. 5º da vigente Constituição brasileira, inseridos no Título II - Dos Direitos e Garantias Fundamentais? Porque o constituinte optou pela constitucionalização desses direitos, já que poderia simplesmente ter recepcionado-os, ou deixado a cargo da legislação infraconstitucional a sua normatização?

Insta-se dizer, preliminarmente, que a norma constitucional é a norma primária do ordenamento jurídico, norma que se destaca por ocupar o lugar mais elevado na pirâmide do sistema jurídico. É norma fundamento, cuja posição hierárquica superior, acarreta, quando aviltada, a sanção de inconstitucionalidade. Nas hipóteses de conflitos entre a norma constitucional e a norma ordinária, a norma constitucional sempre irá prevalecer sobre qualquer outra que lhe é contrária.[291]

Da norma constitucional emana o comando superior, encerrando na sua essência, usando as palavras de RUI BARBOSA

> largas sínteses, suma de princípios gerais, por onde, via de regra, só se encontra o *substractum* de cada instituição, nas suas normas dominantes, a estrutura de cada uma, reduzida, as mais das vezes, a uma característica, a uma indicação, a um traço[292].

Ou seja, o preceito constitucional é imperativo, dotado de eficácia normativa.

O constituinte brasileiro de 1987/88, ao inscrever nos incisos V e X do art. 5º assegurando a *indenização por dano moral*, informa à sociedade uma regra de conduta que tem por razão estabelecer a ética nas relações sociais e interpessoais, devendo portanto, todo o corpo de normas e leis que compõem a totalidade do ordenamento jurídico brasileiro, entrar em sintonia como o comando constitucional superior.

Ante ao exposto, importa dizer, que todo texto de lei infraconstitucional, ao ser interpretado, deverá sempre colocar em perspectiva a supremacia constitucional que garante *a inviolabilidade da intimidade, da vida privada, a honra e a imagem das pessoas*.

O conteúdo que se encerra nos citados incisos do art. 5º da CFB, referentes a indenização por dano moral tocam diretamente as dimensões dos direitos humanos e o conceito ampliado de cidadania. Tornando-se, desse modo norma-princípio, na orientação e interpretação legal.

---

291 HORTA, Ral Machado. **Estudos de direito constitucional,** Belo Horizonte: Del Rey, 1995, p. 220.
292 **apud.** HORTA, Raul Machado. *Op. Cit.,* 1995, p. 221

A regra que impõe a indenização por dano moral, inscrito no texto constitucional brasileiro de 1988 classifica-se tanto como uma regra em sentido restrito, que regulam situações específicas - *inviolabilidade da intimidade, da vida privada, da honra e imagem* -, tanto como em um sentido mais amplo (princípio), aplicáveis em situações diversas, a partir do valor encerrado pelos mesmos.

Louvando-nos nas palavras do professor JOSÉ LUÍZ QUADROS DE MAGALHÃES, estas regras, em sentido mais amplo, significam

> princípios elaborados a partir da aplicação do texto constitucional a determinadas situações específicas, princípios estes que evoluem e se modificam com situações históricas diferentes, sendo o produto do processo de mutação constitucional que advém da interpretação sistêmica da Constituição inserida em determinada realidade social, política e econômica[293].

Tais *regras*[294], tomadas como princípios fundamentais, desvelam em seus conteúdos *direitos subjetivos de liberdade* que implicam na construção da cidadania e garantia dos direitos do homem, já que procuram preservar a integridade da pessoa humana, contra condutas antiéticas, ilícitas e arbitrárias, garantindo a liberdade de cada indivíduo dentro dos limites da lei.

Como princípios informadores de uma determinada conduta ética, o princípio da reparabilidade por danos morais, motivados por agressões a *direitos sensíveis* tais como o aviltamento à *privacidade, à intimidade, à integridade física, à honra e à imagem*, inserem-se em um princípio mais amplo - o *direito à vida* -, na medida em que tais ataques atingem o indivíduo ( homem ) naquilo que ele é, ou seja, em seu ser.

---

293   MAGALHÃES, José Luiz Quadros. **Poder municipal: paradigmas para o Estado constitucional brasileiro,** Belo Horizonte: Del Rey, 1997, pp. 188-189.

294   CANOTILHO diferencia regra e princípio, dizendo que regras são normas, que verificando determinados pressupostos, exigem, proíbem ou permitem algo em termos definitivos, sem qualquer excessão. Princípio, segundo o constitucionalista português são normas que exigem a realização de algo, da melhor forma possível, de acordo com as possibilidades fáticas e jurídicas. Os princípios, escreve CANOTILHO, "não proíbem, permitem ou exigem algo em termos de <<tudo ou nada>>; impõem a optimização de um direito ou de um bem jurídico, tendo em conta a <<reserva do possível>>, fática ou jurídica." ( CANOTILHO, J. J. Gomes. *Op. Cit.*, 1996, pp. 533-534 ). Dessarte, os preceitos dos Incisos V e X do art. 5º da CFB, em um primeiro momento, vistos como regras, exigem determinada conduta, imputando ao seu transgressor um sanção indenizatória. Tais regras, portanto, tomadas por princípios, devem ser vistas como informadoras de condutas éticas a serem observadas nas relações sociais, no sentido de que a observação de condutas éticas, nas relações interpessoais e sociais, levam a uma optimização de direitos e bens jurídicos. Nesse sentido, o preceito constitucional pode ser aplicado como regra ou princípio, de acordo com os casos em concreto.

O termo *vida*, no texto constitucional, implica em considerações mais amplas, que transcendem o seu próprio sentido biológico. "Sua riqueza significativa" escreve JOSÉ AFONSO DA SILVA,

> é de difícil apreensão porque é algo dinâmico, que se transforma incessantemente sem perder sua própria identidade. É um processo (processo vital), que se instaura com a concepção (ou germinação vegetal ), transforma-se, progride, mantendo sua identidade, até que muda de qualidade, deixando, então, de ser vida para ser morte. *Tudo que interfere em prejuízo desse fluir espontâneo e incessante contraria a vida*[295]. (grifo nosso).

O homem, por ser dotado de vida é um indivíduo. Por viver entre outros homens, em sociedade, dotado de direitos e deveres, é também uma pessoa, visto a partir de sua unidade (física e espiritual), identidade e personalidade. Por assim ser, a *vida humana* integra-se de elementos materiais: físicos e psíquicos; e imateriais: espirituais, constituindo a origem e o significado de todos os outros bens jurídicos.[296]

Todos os outros preceitos, sejam eles constitucionais ou não, devem obediência ao princípio maior, inscrito no art. 5º "caput" da nossa Constituição Federal, o qual se refere que *todos são iguais perante a lei, garantindo-se a inviolabilidade do direito à vida.*

> De nada adiantaria a Constituição assegurar outros direitos fundamentais, como a igualdade, a intimidade, a liberdade, o bem-estar, se não erigisse a vida humana num desses direitos. No conteúdo de seu conceito se envolvem o direito à dignidade da pessoa humana, o direito à privacidade, o direito à integridade físico-corporal, o direito à integridade moral e, especialmente o direito à existência[297].

Estes direitos morais, pertencentes, também, à categoria dos direitos da personalidade, ou mais além, também denominados direitos sensíveis, elencados no Capítulo II - Dos Direitos e Garantias Fundamentais - da Constituição brasileira, denota a importância dos mesmos para a convivência dos indivíduos-cidadãos no contexto social global, motivando, assim, um complexo ético que deve permear as mais variadas relações interindividuais, que ocorrem no seio da sociedade.

---

295 SILVA, José Afonso da. **Curso de direito constitucional positivo.** 8.ed. São Paulo: Malheiros Editores, 1992, p.181.
296 SILVA, José Afonso da. *Op. Cit.*, 1992, pp. 181-182.
297 SILVA, José Afonso da. *Op. Cit.*, 1992, p. 182.

Urge ressaltar que os referidos preceitos não podem ser motivo ou objeto de reforma ou emenda constitucional, uma vez que esses direitos assumem a afeição de garantias individuais. Preocupou-se o constituinte brasileiro de 1988 com a perenidade desses direitos, a fim de que os mesmos sirvam de escudo a ataques de autoritarismos e arbitrariedade contra os direitos constitucionais fundamentais. Constituem os direitos elencados no art. 5º e seus Incisos, destacando-se, os morais inscritos nos Incisos V e X, *cláusulas pétreas*, nos termos do art. 60, § 4º da própria Constituição Federal Brasileira, que em seus imperativos preceitua que *não será objeto de deliberação a proposta de emenda tendente a abolir os direitos e garantias individuais.*

Com efeito, os dispositivos constitucionais que garantem a reparabilidade, via indenização, por danos morais, são cláusulas pétreas, ou seja, imutáveis, não podendo, os mesmos, serem alterados nem mesmo por via de *emenda constitucional.*

Um dos aspectos da importância do deslocamento desses direitos da esfera privada (Direito Civil) para a esfera do direito público (Direito Constitucional), é justamente o caráter hierárquico e imutável, por serem elementos fundamentais à própria existência da sociedade que se busca construir, cujo projeto é a sua própria Constituição política.

Nesse deslocamento dos direitos morais, ou seja, do direito comum para sua constitucionalização, localizados no Título II, Capítulo I - Dos Direitos e Deveres Individuais e Coletivos -, verificamos a amplitude que os mesmos alcançaram, não só para o que se refere às garantias que concedem ao cidadão, tangentes à sua intimidade, à sua vida privada, à sua honra e imagem; mas, além das dimensões individuais, a constitucionalização desses direitos sensíveis, vem a significar um modelo de sociedade, em cuja base está a instituição ao respeito à vida individual, células formadoras dessa mesma sociedade.

O conjunto dos indivíduos que formam a sociedade, sociedade esta, entendida aqui, conforme definição DEL-VECCHIO: "um complexo de relações pelo qual vários indivíduos vivem e operam conjuntamente, de modo a formarem uma nova e superior unidade."[298]

É nesse *complexo de relações,* que vislumbramos uma ética necessária, a fim de viabilizar o conjunto dos indivíduos que formam a sociedade, através da moral constitucionalmente estabelecida, instituam a *superior unidade.*

---

298 DEL-VECCHIO, Giorgio. **Lições de filosofia do direito.** 5.ed. Coimbra: Arménio Amado Editor, 1979, p. 460.

A Constituição é quem deve conceder esta *superior unidade*, na medida em que nela devem estar representados os desejos e necessidades dos cidadãos, reunidos no *poder constituinte*[299] - em sua modalidade original -, a fim de elaborar um novo projeto, uma nova direção para a sociedade, a partir da construção de um novo Estado de Direito ou *de direitos*, visando proporcionar aos cidadãos a realização de todas as suas potencialidades.

A realização de potencialidades individuais, no entanto, devem assumir um compromisso ético e moral, a fim de se estabelecer princípios de convivência humana, permitindo, desse modo, que o respeito ao próximo, signifique o respeito à vida, a uma vida plena.

Nesse sentido, a justificação para que os direitos sensíveis sejam inscritos no texto constitucional pode ser fornecido por um conceito de Constituição que passe pela ideia de Constituição como compromisso moral e ético, assumidos e instituídos a partir do consenso dos próprios cidadãos e segmentos sociais. A Constituição vista desse modo impõe-se ao contexto social como orientadora de condutas éticas e morais, cujo valor central, a vida e todos os seus meios de viabilização e conservação.

## 4.2. ARTIGO 5º, INCISOS V E X DA CONSTITUIÇÃO FEDERAL BRASILEIRA: o dano moral no direito constitucional positivo

A Constituição brasileira de 05 de outubro de 1988 colocou em primeiro plano o respeito à pessoa humana, buscando, ao mesmo tempo, sustentar esse respeito devido, por intermédio de garantias constitucionais, na medida em que nenhuma validade prática teriam os direitos do homem, ou seja, sua mera declaração, sem determinadas garantias à sua efetivação e proteção. "As declarações enunciam os principais direitos do

---

299  O poder constituinte originário é aquele que faz a constituição, que institui o Estado e os direitos fundamentais. É soberano, não estando sujeito a nenhum outro tipo de poder, diferentemente do poder constituinte derivado ou de reforma, que está condicionado aos limites impostos pelo próprio texto constitucional. Segundo a doutrina da soberania nacional, de inspiração francesa, ao poder constituinte originário "a tarefa precisa de formar os poderes constituídos, ou seja, o legislativo, o executivo e o judiciário." ( BONAVIDES, Paulo. **Curso de direito constitucional.** 6.ed. São Paulo: Malheiros, 1996, p. 131). Para a doutrina da soberania popular, com base em formulações roussoniana, o poder constituinte pertence ao povo e somente ele tem legitimidade para instituir os poderes e direitos fundamentais, devendo portanto, o mesmo participar diretamente ou por meio de **referendum**, a fim de que se expresse a **volunté générale**.

homem, enquanto as garantias constitucionais são os instrumentos práticos ou os expedientes que asseguram os direitos enunciados."[300]

Não é diferente com a figura do *dano moral*, inscrito no contexto constitucional brasileiro, expresso como direito fundamental, uma vez que assegura o direito à resposta, proporcional ao agravo, além da indenização por dano material, moral ou à imagem ( art. 5º, V da Constituição Federal Brasileira). O mesmo direito à indenização, fundamentado na inviolabilidade da intimidade, da vida privada, da honra e da imagem da pessoa ( art. 5º, X da Constituição Federal Brasileira).

Ao lado destes mandamentos, a Constituição prevê garantias, via instrumentos jurídicos, que possam assegurar estes direitos, acima enunciados. No rol destas garantias podemos citar a plenitude da defesa; a assistência judiciária gratuita; o rápido andamento dos processos; o direito de representação e o controle judiciário das leis, no amparando das liberdades privadas do cidadão.[301]

Todavia, para que tais garantias possam ser postas em ação, no interesse de se resguardar direitos, faz-se antes, necessário, o conhecimento desses direitos, denominados fundamentais, em sua extensão e consequências, na realidade concreta.

Apesar do nosso recorte ou enfoque girar em torno do dano moral, insculpido nos incisos V e X do art. 5º da Constituição Federal Brasileira, não há como negar que os mesmos encontram-se interligados ou mediatizados com o restante do texto constitucional. A interpretação dos mesmos reclama a atenção do exegeta para o contexto no qual estão inseridos. Com efeito, a Constituição deve ser lida e interpretada como um sistema interligado e reflexivo, na medida em que a mesma ultima-se por ser um todo que se autocompleta. Daí, uma interpretação fragmentada, solitária, de artigos e incisos esparsos, torna-se definitivamente uma interpretação inócua.

Assim, na avaliação do dano moral nos casos em concreto, o julgador deve atentar para outros preceitos constitucionais a fim de alcançar outros contornos ou maior alcance de compreensão, que demanda a questão. Outros princípios, inscritos no texto constitucional, devem ser avaliados e, de sobremaneira, aplicados, na hipótese de ocorrência do prejuízo moral.

---

300 FERREIRA, Pinto. **Curso de direito constitucional**. 7.ed. São Paulo: Saraiva, 1995, pp. 148-149.
301 FERREIRA, Pinto. *Op. Cit.*, 1995, p. 149.

Em última análise, o dano moral, no âmbito constitucional brasileiro, vai além das aplicações nas hipóteses previstas nos incisos V e X do art 5º, podendo ser aplicado os mesmos preceitos quando desrespeitados outros direitos fundamentais, que por consequência possa vir afetar o patrimônio ideal da pessoa.

Na hipótese do art. 5º, *caput* da Constituição Federal Brasileira, por exemplo, onde verificamos que *Todos são iguais perante a lei, sem distinção de qualquer natureza, garantindo-se aos brasileiros e aos estrangeiros residentes no País a inviolabilidade do direito à vida, à liberdade, à igualdade, à segurança e à propriedade,* podemos extrair a interpretação de que qualquer violação à vida, à liberdade, à igualdade, à segurança e ao direito de propriedade da pessoa, que por via de consequência acarrete aos mesmos prejuízos imateriais, os mesmos são passíveis de indenização, à luz dos Incisos V e X do mesmo artigo constitucional.

O mesmo aplica-se à igualdade entre homens e mulheres ( inciso I ), dos limites da lei ( inciso II ), da proibição da tortura e tratamento desumano ( inciso III ), da livre manifestação do pensamento ( inciso IV ), do respeito ao culto e manifestação religiosa ( inciso VI e VII e VIII ), da livre expressão intelectual, artística ( inciso IX ), da inviolabilidade do asilo ( inciso XI ), a inviolabilidade de correspondência ( inciso XII ) e assim por diante. A proteção contra o dano moral, no contexto constitucional, toma assim, maiores amplitudes. Encontra desdobramentos em outros direitos constitucionais que também se preocupam com a preservação das coisas íntimas e privadas.

Os incisos V e X do art. 5º da Constituição Federal Brasileira aplicam-se, desse modo, a todo e qualquer caso em concreto, que por ventura se verifique algum dano moral, perpetrado no aviltamento de outros direitos fundamentais. Conforme exemplo fornecido por JOSÉ AFONSO DA SILVA, dizendo que

> há formas de ofensa à moral que se revelam como tortura praticada por autoridades, daí porque a Constituição destaca esse aspecto, *para assegurar aos presos o respeito à sua integridade moral*, tanto quanto à integridade física (art. 5º, XLIX)[302].

Nesse sentido, a figura do dano moral, inscrita no texto constitucional, transmuda-se de simples regra para a amplitude de princípio geral, aplicável a qualquer hipótese em que se verifique o prejuízo imaterial ou dano à integridade da pessoa humana.

---

302 SILVA, José Afonso da. *Op. Cit.*, 1992, p. 184.

Na análise dos incisos V e X do art. 5º da CFB, deve-se por sempre em mirar a pessoa humana, em sua totalidade, devendo ser respeitado em sua integridade, tanto física como moral.

No inciso V, do art. 5º da Constituição Federal Brasileira, onde *é assegurado o direito de resposta, proporcional ao agravo, além da indenização por dano material, moral ou à imagem,* a interpretação nos sugere hipóteses de aplicação de maneira geral e principiológica e aplicação em casos concretos específicos.

No mencionado inciso há contornos próprios, aplicáveis a casos específicos em que o dano material ou imaterial é observado, devendo o mesmo ser indenizado. O modo de se apurar a extensão do dano e a forma e utilização dos critérios para se chegar a um *quantum* são os mesmos designados pela legislação infraconstitucional, ou aqueles indicados pela codificação civil.

Especificamente, no caso do indigitado inciso, põem-se em perspectiva o respeito à imagem das pessoas.

O mundo contemporâneo é marcado pela informação, informação esta que se conduz por imagens. A hipermídia e outros meios como o próprio fenômeno da *internet* (rede mundial de computadores) possibilita muito facilmente o uso abusivo da imagem das pessoas.

CELSO RIBEIRO BASTOS, comentando o citado inciso, argumenta que o constituinte sentiu a necessidade de proteger especificamente a imagem das pessoas, a sua vida privada, a sua intimidade. "Podemos dizer que o direito à imagem consiste no direito de ninguém ver seu retrato exposto em público sem o seu consentimento."[303]

Os citados autores, ainda suscitam outra modalidade de aviltamento deste direito, consistindo na distorções da imagem, de maneira dolosa, através da edição e da montagem, afirmando ainda que esse direito levanta um delicado problema, na medida em que muitas pessoas vivem de sua imagem e consequentemente estão por decorrência da sua própria profissão colocadas em um nível de exposição pública que não é próprio das pessoas comuns, afirmando, contudo que:

> É crucial, portanto, que estas pessoas que profissionalmente estão ligadas ao público, à exemplo dos políticos, não possam reclamar um direito de imagem com a mesma extensão daquele conferido aos particulares não comprometidos com a

---

303  BASTOS, Celso Ribeiro & MARTINS Ives Granda. **Comentários à constituição do Brasil**, 2. Vol. São Paulo: Saraiva, 1989, p.62.

publicidade. Isto não quer dizer que estas pessoas estejam sujeitas a ser filmadas ou fotografadas sem o seu consentimento em lugares não públicos, portanto privados, e flagradas em situações não das mais adequadas para o seu aparecimento.[304]

Na lição de JOSÉ AFONSO DA SILVA,[305] a Constituição brasileira de 1988 emprestou muita importância à moral como valor ético-social da pessoa e da família, que se impõem ao respeito dos meios de comunicação. Mais do que os outros textos constitucionais, lembra o citado jurista, realçou o valor moral individual, tornando-a mesmo um bem indenizável:

> A moral individual sintetiza a honra da pessoa, o bom nome, a boa fama, a reputação que integram a vida humana como dimensão imaterial. Ela e seus componentes são atributos sem os quais a pessoa fica reduzida a uma condição animal de pequena significação. Daí por que o respeito à integridade moral do indivíduo assume feição de direito fundamental. Por isso é que o Direito Penal tutela a honra contra a calúnia, a difamação e a injúria.[306]

A imagem das pessoas tornou-se amplamente protegida pelo atual texto constitucional brasileiro, devendo, contudo, tal proteção, ser compreendida e aplicada, buscando sempre, o exegeta, situar tal proteção de acordo com os novos e contínuos avanços tecnológicos. A preocupação quanto o respeito à imagem do indivíduo também se expressa no inciso X do art. 5º.

No inciso X, o constituinte enumerou os elementos inerentes à personalidade humana que devem ser respeitados por serem invioláveis, sob pena de indenização por dano material ou moral, na hipótese de violação. Assim, à luz do inciso X, do art.5º da Constituição brasileira, *são invioláveis a intimidade, a vida privada, a honra e a imagem das pessoas.*

O princípio é o mesmo do inciso V, com a preocupação do constituinte, apenas, em situar os direitos assinalados - intimidade, vida privada, honra e imagem -, como inerentes à personalidade da pessoa humana e, portanto, dotados de fundamentalidade.

A inserção desses direitos no texto fundamental brasileiro está ligado em grande parte ao período militar instalado no Brasil a partir

---

304 BASTOS, Celso Ribeiro & MARTINS Ives Granda. *Op. Cit.*, 1989, p. 62.
305 SILVA, José Afonso da. *Op. Cit.*, 1992, p. 184.
306 SILVA, José Afonso. *Op. Cit.*, 1992, p. 184.

de 1964, onde os direitos humanos e dos cidadãos foram simplesmente ignorados pela ditadura, principalmente no período governado pelo General Médice. Nesse período, a intimidade, a privacidade, a honra e a imagem das pessoas eram totalmente devassadas, ao arrepio da lei constitucional e infraconstitucional. As agressões a esses direitos eram respaldados na *Lei de Segurança Nacional*.

Todavia, com o processo de redemocratização e, com o advento da Constituinte de 1987/88, os brasileiros buscam reconstruir uma cidadania que fora esmagada pela ditadura militar.

A sociedade civil se reorganiza e participa dos destinos do país a partir de uma participação não só indireta, mas também de maneira direta, através, por exemplo, das *emendas populares*, à época da feitura da nova carta constitucional. A participação do povo na apresentação dessas emendas populares foi maciça, que em muito lembra a soberania popular de inspiração roussoniana.

A constitucionalização desses direitos corresponde aos anseios de uma nova sociedade civil que buscava se sedimentar, no repúdio às formas autoritárias e sem escrúpulos. O povo brasileiro clamou por direitos humanos e cidadania. Dentre as 122 emendas populares apresentadas à Assembleia Constituinte de 1987/88, várias delas abordavam sobre a temática dos direitos humanos e cidadania.

A intimidade, a vida privada, a honra e a imagem das pessoas atendem a princípios relativos aos direitos do homem, devendo o mesmos serem avaliados como direitos de primeira grandeza, portanto, fundamentais. Em decorrência da constitucionalização desses direitos, a ampliação da própria cidadania. Mas o que vem a significar conceitos como privacidade, intimidade, honra e imagem?

A questão da intimidade foi tratada originalmente pelo Código Civil italiano de 1942, preceituando em seu art. 10 que

> *abuso de retrato de outrem. Toda vez que o retrato de uma pessoa, dos pais, do Cônjuge, ou dos filhos, seja exposto ou publicado fora dos casos em que a exposição ou a publicação é permitida por lei, ou entre prejuízo do decoro ou da reputação da mesma pessoa ou de parente, a autoridade judiciária, a pedido do interessado, pode determinar que cessasse o abuso, sem prejuízo da indenização por danos*[307].

---

307   In: FERREIRA, Pinto. **Comentários à Constituição brasileira.** 1º Vol. São Paulo: Saraiva, 1989, pp. 79-80.

O Código Civil português de 1967, em seu art. 79, também vai tratar do direito à intimidade a partir da divulgação de retratos:

> *Art.* 79: 1- O retrato de uma pessoa não pode ser exposto, reproduzido ou lançado ao comércio sem o consentimento dela, depois da morte da pessoa retratada, a autorização compete à pessoa designada no nº 2 do art. 71 segundo a ordem nela indicada.
> 2 - Não é necessário o consentimento da pessoa retratada quando assim o justifiquem a sua notoriedade, o cargo que desempenhe, exigências de polícia ou de justiça ou culturais ou quando a reprodução da imagem vier enquadrada na de lugares públicos ou na de fotos de interesse público ou que haja ocorrido publicamente.
> 3 - O retrato não pode porém ser reproduzido, exposto ou lançado no comércio se do fato resultar prejuízo para a honra, reputação ou simples decoro da pessoa retratada.[308]

Nota-se que no item 3 do art. 79 do Código Civil português o legislador preocupou-se com os prejuízos que possam advir da invasão da intimidade e privacidade da pessoa, através da publicação de uma fotografia. Contudo, tal proteção, verifica-se adstrita ao direito de imagem, ou seja, um desdobramento do direito à intimidade e à privacidade.

JOSÉ CRETELA JÚNIOR, em seu livro *Comentários à Constituição Brasileira de 1988,* salienta que da mesma maneira que a Constituição brasileira de 1988 atentou para a inviolabilidade de outros bens, tais como a *consciência,* a *crença,* o *domicílio,* a *correspondência,* o *culto religioso,* também preocupou-se com a questão da proteção da intimidade e da vida privada:

> 'Intimidade' é o *status* ou situação daquilo que é íntimo, isolado, só. Há um *direito* ou *liberdade pública* de estar só, de não ser importunado, devassado, vistos por olhos estranhos. A noção de *intimidade* ou *vida privada* é vinculada à noção relativa e subjetiva de espaço e tempo, o que explica a dificuldade do tema.
>
> Novamente aqui o legislador constituinte distinguiu a mesma situação com dois nomes, distintos, quando se sabe que 'intimidade' do cidadão é sua 'vida privada', no recesso do lar[309].

---

308 In: BASTOS, Celso Ribeiro & MARTINS, Ives Granda. *Op. Cit.*, 1989, p. 62.
309 CRETELLA JÚNIOR, José. **Comentários à Constituição brasileira de 1988.** Vol. I, Rio de Janeiro: Forense Universitária, 1988, p. 257.

JOSÉ AFONSO DA SILVA destaca que realmente a distinção entre *vida privada* e *intimidade* é quase imperceptível, na medida em que a vida privada integra as dimensões da própria intimidade das pessoas. Contudo, avalia o citado autor, baseado em obras de EDUARDO NOVOA MONREAL e PIERRE KAYSER, que o constituinte brasileiro pretendeu dar uma significação mais ampla a esses dois conceitos:

> É, também, inviolável a vida privada (art. 5º, X). Não é fácil distinguir *vida privada* de *intimidade*. Aquela, em última análise, integra a esfera íntima da pessoa, porque é repositório de segredos e particularidades do foro moral e íntimo do indivíduo. Mas a Constituição não considerou assim. Deu destaque ao conceito, para que seja mais abrangente, como conjunto de modo de viver, como direito do indivíduo viver sua própria vida. Parte da constatação de que a vida das pessoas compreende dois aspectos: um voltado para o exterior e outro para o interior. A vida exterior, que envolve a pessoa nas relações sociais e nas atividades públicas, pode ser objeto das pesquisas e das divulgações de terceiros, porque é pública. A *vida interior*, que se debruça sobre a mesma pessoa, sobre os membros de sua família, sobre seus amigos, é a que integra o conceito de *vida privada*, inviolável nos termos da Constituição.[310]

PINTO FERREIRA[311] destaca que o direito à intimidade, em nível ordinário, é tutelado pelo direito americano através do nome *right of privacy*, prevendo o direito à indenização por dano material ou moral advindo de sua transgressão. Lembra ainda que em maio de 1967, na cidade de Estocolmo, o tema foi enfocado em toda sua extensão e plenitude na *Conferência Nórdica sobre Direito à intimidade*. Na mencionada Conferência caracteriozou-se 05 (cinco) ofensas ao direito à intimidade:

> Penetração no retraimento da solidão da pessoa, incluindo-se no caso o espreitá-la pelo seguimento, pela espionagem ou pelo chamamento constante ao telefone; gravação de conversas e tomadas de cenas fotográficas das pessoas em um círculo privado ou em circunstâncias íntimas ou pe-

---

310  SILVA, José Afonso da. *Op. Cit.*, 1992, . 190.
311  FERREIRA, Pinto. **Comentários à Constituição brasileira**. 1º Vol. São Paulo: Sariva, 1989, pp. 79 e ss.

nosas à sua moral; audição de conversações privadas por interferências mecânicas de telefone, microfilmes dissimulados deliberadamente; exploração de nome, identidade ou semelhança da pessoa sem seu consentimento, utilização de falsas declarações, revelação de fatos íntimos ou crítica da vida das pessoas; utilização em publicações, ou em outro meios de informação, de fotografia ou gravações obtidas sub-repticiamente nas formas precedentes.[312]

No que se refere ao direito à intimidade e à vida privada, CELSO RIBEIRO BASTOS, argumenta que tal direito *consiste na faculdade que tem cada indivíduo de obstar a intromissão de estranhos na sua vida privada e familiar, assim como de impedir-lhes o acesso a informações sobre a privacidade de cada um, e também impedir que sejam divulgadas informações sobre esta área da manifestação existencial do ser humano.*[313]

JOSÉ ADÉRCIO LEITE SAMPAIO, em excelente estudo sobre o *direito à intimidade do candidato a um emprego*, esclarece que o direito à intimidade classicamente sempre esteve associado a um regime de contenção de informações de natureza particular e pessoal. Apoiado em DE CUPIS[314], salienta que estes direitos ligam-se ao modo de ser que excluem do conhecimento alheio aspectos da vida que só a própria pessoa diga respeito, destacando-se a imagem, a voz, os acontecimentos da vida privada e, em especial, o segredo.[315] Todavia, SAMPAIO acrescenta:

> Os riscos patrocinados pelas novas tecnologias de informação levaram a uma redefinição dessa perspectiva, fazendo inserir um componente **afirmativo** e **decisional** no conteúdo desse direito que transcendia os estáticos sentidos do **segredo** e da **confidencialidade**. Em nível doutrinário, destacam-se os esforços, dentre tantos nos Estados Unidos de WESTIN, FRIED, GROSS, MILLER, PARKER e GAVISON que identificam com o poder da pessoa controlar a circulação de informações a seu respeito ou a sua **acessibilidade**, a definição

---

312   J, M. Othon Sidou, **apud** FERREIRA, Pinto. *Op. Cit.*, 1989, p. 79.
313   BASTOS, Celso Ribeiro & MARTINS, Ives Granda. *Op. Cit.*, 1989, p. 63.
314   Il Diritti della personalittà, pp. 283-398.
315   SAMPAIO, José Adércio Leite. **Direito à intimidade do candidato a um emprego.** in: "Revista de Direito Comparado, Vol. 1, nº 1, jul/97. Belo Horizonte: Conselho Editorial de Pesquisa do Curso de Pós-Graduação em Direito da UFMG, 1997, p. 313.

de quando, como e em que extensão tais informações serão comunicadas a terceiros; e na Europa o empenho de SIMITIS, SIEGHART, STIG STRÖMHOLM, RODOTÀ e FROSINI com sua 'liberdade informática'. No plano legislativo, esses esforços foram traduzidos em diversos diplomas legais destinados à regulamentação da coleta e dos tratamentos de dados de caráter pessoal, a exemplo da **Datalagem** sueca de 1973, da **Privacy Act** norte americana de 1974, da BDSG alemã de 1977 e da **Loi 'Informatique et Libertés'** francesa de 1978. Coube ao Tribunal Federal Alemão a formulação, em âmbito jurisprudencial, mais inovadora e consentânea com os novos tempos: **a autodeterminação informativa ou informacional ( Informationelle Selbstbestimmug)**, reconhecendo ao indivíduo o poder de decidir sobre a cessão e o uso de seus dados pessoais. [316]

O mundo moderno, em seu contínuo movimento em busca de novas maneiras de intervenção e conhecimento da realidade, vem criando cada vez mais, tecnologias, cujos mecanismos podem afetar diretamente a privacidade e a intimidade das pessoas. No rol dessas novas tecnologias estão os testes psicotécnicos, de inteligência e genéticos; as pesquisas de opinião pública; a internet e outros meios de veiculação de informações.

Em todos esses modos modernos de coleta e circulação de informações, sobre as pessoas, a *intimidade* e a *privacidade* são invadidas, muitas vezes sem a consciência do indivíduo, podendo ser violada em suas dimensões essenciais. Quem nunca recebeu uma correspondência em sua residência de alguma loja, de algum periódico ou instituição qualquer, oferecendo algum tipo de produto ou serviço?

O envio abusivo de correspondência, por exemplo, principalmente aquelas que identificam o perfil do destinatário tipo: data de aniversário, profissão, estada civil, status social, evidencia invasão de privacidade. Portanto, violação de preceito constitucional e de direitos humanos fundamentais.

Em todos esses casos, na hipótese de dano moral, a vítima estará resguardada pelo inciso X, do art. 5º da Constituição Federal Brasileira, devendo o prejudicado ser ressarcido dos prejuízos causados, bem como ser indenizado pelo dano moral acarretado.

---

316 SAMPAIO, José Adércio Leite. *Op. Cit.*, 1997, pp. 313-314.

Em qualquer hipótese de violação da privacidade da vida privada e intimidade da pessoa humana. Demonstrado o nexo causal, o agente deverá ser responsável pelos prejuízos a que deu origem, bem como ao pagamento de indenização, arbitrada pelo poder judiciário.

Sempre que a intimidade, a vida privada, a honra ou a imagem de uma pessoa é invadida, e em consequência ocorre prejuízo moral, a Constituição obriga o responsável indenizar a vítima, que pode ser realizada de dois modos: na entrega de quantia certa ( dinheiro ) à vítima à título de reparação moral, e, obrigar o réu a buscar uma forma de retornar as coisas ao *status* anterior.[317]

A indenização é determinante na satisfação que se oferece ao lesado pelo *pretium doloris*, pelo *pretium imaginis*, pelo *pretium luctus*, sensações dolorosas que afetam o eu, o espírito. Apesar de tais searas, serem economicamente inapreciáveis, a indenização deve ser arbitrado pela justiça.

O dano moral requer indenização autônoma. O critério para se chegar a um *quantum*, fica a cargo do julgador, que deverá usar de seu prudente arbítrio, levando-se em consideração as condições das partes, o nível social, o grau de escolaridade, o prejuízo sofrido pela vítima, a intensidade da culpa e demais fatores que coincidiram na ocorrência do fato ou ato danoso. A indenização deverá ser paga em dinheiro, uma vez que a reparabilidade do dano moral torna-se fronteiriço às dimensões da impossibilidade, quando a pretensão é a de restituir às coisas ao seu *status quo ante*. A reparação em dinheiro atende ainda a lógica capitalista vigente em nossos dias.

---

317 RIVERO, Jean. **Droit Administratif**, 12.ed., Paris: Dalloz, 1988, p. 346.

# CONCLUSÃO

Em sede de conclusão, a pesar das dificuldades que encontramos em torno da questão do dano moral e sua reparabildade, por ser algo subjetivo, íntimo, pessoal, interior, a indenização em pecúnia é a única via possível, no contexto de uma sociedade capitalista, de se minorar o *pretium doloris*.

O problema dos danos morais e sua reparabilidade remontam ao mundo antigo, antes mesmo dos romanos, na Índia com o código de MANU e na Babilônia com o código de AMURABI, que mencionavam em algumas de suas passagens, sanções que muito se relacionam como o que hoje denominamos de danos morais.

No *jus romanum*, para efeitos assecuratórios dos prejuízos extra-patrimoniais, encontramos a *actio iniuriarum*, que a princípio referia-se à reparabilidade de lesões físicas; sofrendo inúmeras ampliações, cedeu lugar à ideia de *contumélia* (ofensas morais), ligado à ideia de honra.

Também no Direito Hebraico (Lei Talmúdica) e no Direito Canônico (contrato esponsalico) encontramos a figura do dano imaterial e a preocupação com a sua reparabilidade.

O conceito de moral é reelaborado pela Idade Moderna, pelo período iluminista, trazendo em suas definições todo um arcabouço de sociedade humana que se formou após a Idade Média.

O pensamento moral da ilustração pôs em perspectiva as *razões do iluminismo*, estabelecendo como caraterísticas principais o *cognitivismo, o individualismo e o universalismo*. Para a filosofia da ilustração, a moral fundava-se no mundo empírico, subjacente à ideia do indivíduo considerado célula da sociedade, portador do direito à autorealização e à felicidade, dotado de uma natureza humana universal, permeada por princípios éticos e morais universais, existindo ainda um pequeno núcleo de normas materiais universais.

Tais ideias exercem influências sobre os partidários do *jus naturalismo*, cuja compreensão de moral partia do pressuposto de que a mesma poderia ser fundada a partir da conformidade do comportamento humano com a lei da natureza. Na perspectiva roussoniana a natureza humana é dotada de critérios natos que viabiliza ao homem julgar soberanamente sobre o bem e o mal, o justo e o injusto. Daí uma ética e uma moral universal, podendo ser encontrada em todos os homens.

Em KANT, a moral se expressa no imperativo categórico, procedimento pelo qual o indivíduo testa a máxima de suas ações para saber em que medida ela é generalizável. Se essa máxima é querida por todos, pode aspirar ao *status* de lei universal.

Com os vários desdobramentos históricos, também a ética e a moral transformam-se no espaço e no tempo. No mundo atual não há nenhuma maneira de se viabilizar objetivamente uma escolha moral. Época determinada pelos mais variados particularismos, que nega uma moralidade e uma ética universal. É a crise da racionalidade.

HABERMAS aposta numa ação e razão comunicativas nos âmbitos das relações interpessoais. A partir das relações interindividuais o estabelecimento e a *práxis* de uma moral e uma ética, socialmente aceitas.

Os direitos morais passam a ser motivo de regulamentação, sob a ótica privatista dos direitos civis. Em França o Código Civil de Napoleão, em seu art. 1.382. Na Itália através do art. 1.151 do antigo Código Civil de 1865, revogado posteriormente pelo art. 2.059 do Código Civil de 1942. No Brasil as preocupações em torno da reparação por danos morais remontam à consolidação de TEIXEIRA DE FREITAS, que não foi aproveitada aqui no Brasil, mas que inspirou a codificação civil argentino; Código Civil brasileiro, vigente desde 1917, tratando da matéria em vários artigos.

No universo jurídico dominante não há mais controvérsia quanto a reparabilidade dos danos morais. As sociedades modernas e a consciência social contemporânea repudiam o a violação moral.

A dogmática jurídica conceitua o dano moral como sendo um prejuízo de natureza extrapatrimonial, emocional e simbólico, expressando-se, podendo ser percebido sensivelmente pela dor, pelo sofrimento ou pela humilhação.

A reparabilidade deve ser efetivada pelo agente causador do dano em duas vertentes concomitantes: indenização em dinheiro e tentativa de restabelecer o *status quo ante*.

No que se refere ao *quantum* indenizável, deve este ser arbitrado pelo juiz da causa, levando em consideração, na elaboração dos seus critérios, as condições das partes, o nível social dos envolvidos, o grau de informação e escolaridade, o prejuízo sofrido pela vítima, a intensidade da culpa e demais fatores que por ventura coincidiram no ato ou fato danoso.

A elevação dos direitos morais ao *status* de direitos fundamentais, liga-se ao foto de que os mesmos inserem-se nos chamados direitos da personalidade, inerentes à própria natureza humana. A sua inserção no texto constitucional proporciona aos mesmos uma dimensão de hierarquia, cuja interpretação deve obedecer ao contexto constitucional no qual estão inseridos. Daí, o asseguramento de indenização por dano moral, pela Constituição constituir-se num princípio geral, a ser aplicável em todas as relações sociais e interpessoais. Significa a constitucionalização de uma ética e de uma moral, estabelecida pela sociedade brasileira em dado momento histórico de sua vida política.

A transmigração desses direitos da legislação ordinária para o texto constitucional representa, em última instância, a união dos códigos jurídicos e moral numa perspectiva de compromisso social, estabelecendo o contraste entre cognição, razão e emoção, tradicionalmente separados pelo direito positivo.

A Constituição de um povo é mais do que uma *folha de papel*, constitui-se em verdadeira bússola, instrumento de realização coletivo e individual. Ao estabelecer sanções contra a violação da vida privada, da intimidade, da honra, da imagem, busca o texto político, erguer um arcabouço moral, cujos pilares éticos, subjacente aos desejos da sociedade geral, encontra-se a felicidade. O desejo de uma coletividade de estabelecer uma vida possível, digna e feliz. Seja utopia mítica ou não, esta é a perspectiva e a esperança, transposta para o texto da Constituição.

# REFERÊNCIAS

AGESTA, Luiz Sánchez. *Curso de derecho constitucional comparado*. 7ª ed., Madrid: Facultad de Derecho - Universidad Complutense, 1988.

ALMEIDA, Fernando Barcelos de. *Teoria geral dos direitos humanos*. Porto Alegre: Fabris Editor, 1996.

AMOROSO LIMA, Alceu. *Os direitos do homem e o homem sem direito*. 2ª ed. Rio de Janeiro: Vozes, 1999

ARNAUD, André-Jean. *O direito entre a modernidade e a globalização: lições de filosofia do direito e do Estado*. Trad. Patrice Charles Wuillaume, Rio de Janeiro: Renovar, 1999.

ARANHA, Maria Lúcia de Arruda & MARTINS, Maria Helena Pires. *Filosofando: introdução à filosofia*. ed. revisada e ampliada. São Paulo: Moderna, 1993.

AMARANTES, Aparecida I. *Responsabilidade civil por dano à honra*. Belo Horizonte: Del Re, 1991.

BARACHO, José Alfredo de Oliveira. *teoria Geral da Cidadania: a plenitude da cidadania e as garantias constitucionais e processuais*, São Paulo: Saraiva, 1995.

BARACHO, José Alfredo de Oliverira. *Teoria geral do constitucionalismo*. In: Revista de Informaçãoes Legislativa. Brasília. a. 23. nº 91, jul./set. 1986.

BARACHO, José Alfredo de Oliveira. *A prática jurídica no domínio da proteção internacional dos direitos do homem ( a Convenção Europeia dos Diretos do Homem )*. In: Revista do CAAP: Belo Horizonte, nº 3, 1996/97.

BIELEFELDT, Heinner. *Filosofia dos direitos humanos: fundamentos de um ethos de liberdade universal*. Trad. Dankwart Bernsmüller. São Leopoldo, RS: Editora Unisinos, 2000.

BOBIO, Norberto. *A era dos direitos*. Rio de Janeiro: Campus, 1992

BONAVIDES, Paulo. *Curso de direito constitucional.* São Paulo: Malheiros, 6ª ed., 1996.

BASTOS, Celso Ribeiro & MARTINS, Ices Granada. *Comentários à constituição do Brasil.* 2. Vol. São Paulo: Sarava, 1989.

BEVILAQUA, CLÓVIS. *Teoria geral do direito civil.* 2, ed. revisada e atualizada, Rio de Janeiro: Rio, F. Alves, 1980.

BITTAR, Carlos Alberto. *O direito civil na Constituição de 1988.* São Paulo: Editora Revista dos Tribunais, 1990.

BITTAR, Carlos Alberto & BITTAR, Carlos Alberto Filho. *Tutela dos direitos da personalidade e dos direitos autorais nas atividades empresariais.* São Paulo: Revista dos Tribunais, 1993.

BÖCKENFÖRDE, Ernes-Wolfgang. *Escritos sobre derechos fundamentales.* Trad.para o espanhol de Juan Luis Requejo Pagés e Ignácio Villaverde Menéndez, Baden-Baden: Nomos Verl. - Ges, 1993.

BRASIL, Ávio. *O dano moral, no direito brasileiro.* Rio de Janeiro: Livraria Jacinto Editora, 1944.

BRASILEIRO, Ricardo Adriano Massara. *Direito e personalidade: inserção constitucional.* in: Revista do CAAP, ano II, n. 2, Belo Horizonte: 1996/97, pp. 199 ss.

CANOTILHO. J. J. Gomes. *Direito Constitucional.* Coimbra: Almedina, 1996.

CARNEIRO, Maria francisca. *Avaliação do dano moral e discurso jurídico.* Porto Alegre: Sérgio Antônio Fabris Editor, 1998.

CALDINE, Miguel Ángelo Ciuro. *El derecho y la humanidade en siglo XXI.* In: "Congreso de Academias Iberoamericanas de Derecho" – Academia Nacional de Derecho y Ciencias Sociales de Córdoba. Córdoba, Argentina: 1999.

CANÇADO TRINDADE, Antônio Augusto. *O legado da declaração universal de 1948 e o futuro da proteção internacional dos direitos humanos*. In: Revista do Instituto Interamericano de Drechos Humanos, n° 26, julho/dezembro de 1997

CANÇADO TRINDADE, Antônio Augusto. *Tratado de direito internacional dos Direitos humanos*. Vol. I, Porto Alegre: Fabris Editor, 1997.

CAVERO, José Martínez de Pison. *El derecho a la intimidad en la jurisprudência constitucional*. Madrid: Editorial Civitas S/A, 1993.

CARVALHO-NETTO, Menelick de. *Requisitos pragmáticos da interpretação jurídica sob o paradigma do Estado democrático de direito*. In: revista de Direito Comparado - Pós-graduação da FD/UFMG, Belo Horizonte: Mandamentos, maio de 1999.

CUNHA, Paulo Ferreira da. *Costituição, direito e utopia: do jurídico-constitucional nas utopias políticas*. Coimbra: Coimbra Editora, 1996

COELHO, Luís Fernando. *Lógica e interpretação das leis,* Rio de Janeiro: Forense, 1979.

DIAS, José de Aguiar. *Da responsabilidade civil*. 6. ed. revista e aumentada, Vol.II, Rio de Janeiro, 1979.

DINIZ, Maria Helena. *Curso de direito civil brasileiro*. Vol. VII, São Paulo, Saraiva, 1984.

DINIZ, Arthur José Almeida. *Novos paradigmas em direito internacional*. Porto Alegre: Fabris Editor, 1995.

ESTEBAN, Jorge de. *Tratado de derecho constitucional*. Tomo I, Madrid: Servicio Publicaciones Facultad Derecho, 1998.

FELIPPE, Márcio Sotelo. *Razão jurídica e dignidade humana*. São Paulo: Max Limonad, 1996.

FERREIRA, Pinto. *Comentários à constituição brasileira*. 1°.Vol. São Paulo: Saraiva, 1989.

FISCHER, Hans Albrecht. *A reparação dos danos no direito civil.* Trad. de António de Arruda Ferrer Correia. São Paulo: Livraria Acadêmica Saraiva & C.ª - Editores, 1938.

GOMES, Orlando. *Obrigações.* 3. ed. Rio de Janeiro: Forense, 1972.

GOMES, Orlando. *Obrigações* 6. ed. Rio de Janeiro: Forense, 1981.

GIANOTTI, José Arthur. *Moralidade pública e moralidade privada.* in: Ética. Org. Adalto Novais, São Paulo: Companhia das Letras, 1992.

GILISSEM, Jhon. *Introdução histórica ao direito.* 2. ed. Lisboa: Fundação Calouste Gulbenkian, 1995.

HART, Herbert. L. A. *o conceito de direito,* 2. ed. Trd. de A. Ribeiro Mendes, Lisboa: Fundação Calouste Gulbenkiam, 1994.

HAARSCHER, Guy. *A filosofia dos direitos do homem.* Lisboa: Instituto Piaget, 1997.

HABERMAS, Jürgen. *Direito e democracia: entre facticidade e validade.* v. I e II. Trad. Flávio Beno Siebeneichler. Rio de Janeiro: Tempo Brasileiro, 1997.

HOBSBAWM, Eric J. *Mundo do trabalho.* Trad. Waldea Barcellos e Sandra Bedran. Rio de Janeiro: Paz e Terra, 1987

HESSE, Konrad. *Escritos de derecho constitucional.* Madrid: Centro de Estudios Constitucionales, 1983.

JÚNIOR. José Cretella. *Comentários à constituição brasileira de 1988,* Vol. I, Rio de Janeiro: Forense Universitária, 1988.

JÚNIOR, Humberto Theodoro. *Responsabilidade civil ( doutrina e jurisprudência ),* 2. ed. Rio de Janeiro: Aide Ed., 1989.

LYRA, Afrânio. *Responsabilidade civil.* Bahia, 1977.

LAFER, Celso. *A reconstrução dos direitos humanos: um diálogo com o pensamento de Hannah Arendt.* São Paulo: Companhia das Letras, 1998.

LUHMANN, Niklas. *Sociologia do direito I.* Trad. de Gustavo Bayer. Rio de Janeiro: Tempo Brasileiro, 1983.

MATIELO, Fabrício Zamprogna. *Dano moral, dano material: reparações.* 2.ed. revisada e ampliada, Porto Alegre: Sagra-Dc Luzzatto, 1995.

MAGALHÃES, José Luiz Quadros de. *Os direitos humanos na ordem jurídica interna.* Belo Horizonte: Interlivros de Minas Gerais, 1992.

MAGALHÃES, José Luiz Quadros de. *Poder municipal: paradigmas para o Estado constitucional brasileiro.* Belo Horizonte: Del Rey, 1997.

MAGALHÃES, José Luiz Quadros de. *A nova democracia e os direitos fundamentais.* In: Revista da faculdade de Direito da UFMG, nº 36, Belo Horizonte, 1999.

MIRANDA, Jorge. *Manual de Direito Constitucional.* 2ª ed. Tomo IV, Coimbra: Coimbra Editora, 1998.

MIRANDA, Jorge. *Direitos fundamentais: introdução geral.*, Lisboa: Apontamentos de Aula, 1999.

MORAES, José Luiz Bolzan de. *Do direito social aos interesses transindividuais: o Estado e o direito na ordem contemporânea.* Porto Alegre: Livraria do Advogado Editora, 1996

NOBREGA, Vandick L. da. *Compêndio de direito romano*, 5. ed., revisada e aumentada,Vol.I, São Paulo: Freitas Bastos, 1969.

ORGAZ, Afredo. *El daño resarcible ( actos ilícitos ).* Buenos Aires: Editorial Bibliografica Argentina, 1952.

PLATÃO. *Diálogos: Mênon, Banquete, Fedro.* Trad. de Jorge Paleikat. Rio de Janeiro: Ediouro.

REIS, Clayton. *Dano moral.* 4. ed. atualizada e ampliada, Rio de Janeiro: Forense, 1997.

RIVERO, Jean. *Droit administratif.* 12. ed., Paris: E. Dalloz, 1988.

RODRIGUES, Silvio. *Direito Civil: responsabilidade civil.* 12. ed. Vol. 4, São Paulo: Saráiva, 1989.

ROUANET, Sérgio Paulo. *dilemas da moral iluminista.* in: Ética. Org. Adauto Novais, São Paulo: Campanhia das Letras, 1992.

RUIZ-MIGUEL, Carlos. *La configuración constitucional del derecho a la intimidad.* Madrid: Editorial Técnos , 1998

SALGADO, Joaquim Carlos. *Direitos fundamentais.* In: Revista Brasileira de Estudos Políticos. n° 82, janeiro de 1982.

SARLET, Ingo Wolfgang. *A eficácia dos direitos fundamentais.* Porto Alegre: Livraria do Advogado Editora, 1998.

SALAZAR, Alcino de Paula. R*eparação do dano moral.* Rio de Janeiro, 1943.

SAMPAIO, José Adércio Leite. *Direito à intimidade do candidato a um emprego.* in: "Revista de Direito Comparado, Vol. 1, n°1, jul/97. Belo Horizonte: Conselho Editorial e de pesquisa do Curso de Pós-Graduação em Direito da UFMG, 1997.

SAVATIER, René. *Traité de la responsabilité civile en droit français: civil, administratif, professionnel, procédural.* 2. ed., Tome II, Paris: Librairie Générale de Droit et de jurisprudence, 1951.

SILVA, Wilson Melo da. *O dano moral e sua reparação.* Rio de Janeiro: Revista Forense, 1955.

SOLOZÁBAL ECHAVARRÍA, Juan José. *Los derechos fundamentales en la Constitución española de 1978.* In: *Derechos y Constitución.* Org. Rafael Flaquer Montequi. Madrid: Marcial Pons, 1999.

TOURAINE, Alain. *O que é democracia*. 2ª ed. Petrópolis: Vozes, 1996.

VALLEJO, Antonio Orti. *Derecho a la intimidad e informática: tutela de la persona por el uso de ficheros y tratamientos informáticos de dados personales privado*. Granada: Editorial Comares, 1994.

VIEIRA ANDRADE, José Carlos. Os direitos fundamentais na constituição portuguesa de 1976. Coimbra: Almedina, 1998.

WILLIAMS, Bernard. *Introduccion a la etica*. 2. ed. Madrid. Cátedra Teorema, 1972.

WAMBIER, Luiz Rodrigues. *Liquidação do Dano: aspectos substanciais e processuais*. Porto Alegre: Sérgio Antonio Fabris Editor, 1988.

SOBRE O LIVRO
Tiragem: 1000
Formato: 14 x 21 cm
Mancha: 10 X 17 cm
Tipologia: Times New Roman 10,5/12/16/18
Arial 7,5/8/9
Papel: Pólen 80 g (miolo)
Royal Supremo 250 g (capa)